日本野球よ、それは間違っている!

広岡達朗

GENTOSHA

JN255071

はじめに

私はこの2月で86歳になった。毎朝、6時に目が覚める。

まず一般紙からスポーツ紙まで新聞各紙を読み、2月はケーブルテレビで各球団のキャンプ中継を見る。オープン戦やペナントレースが始まれば試合のテレビ中継を見て、重なる試合は録画する。昼間は新聞、雑誌の電話取材が入ることも多いが、デイゲームをテレビ観戦中のときは「取材の電話は午前中に」と断っている。

最近は新聞・テレビを見るにつけ、腹が立つことばかりである。「日本の野球はなぜこんなに崩れてしまったのか」と情けなくなる。

腹の立つことを挙げればきりがない。

真っ先に挙げたいのは、次々に日本の優秀な選手が大リーグに流出する「ポスティングシステム」だ。

私が納得できないのは、日本一からリーグ5位に転落した日本ハムが、なぜ投打の大黒柱・大谷翔平を簡単に手放したのか、である。高校を卒業して5年で、まだ23歳。素質、実力、人気を兼ね備えた大谷はV奪還には欠かせない大黒柱であるだけでなく、400勝投手・金田正一《まさいち》に次ぐ何十年に一人、いや将来、二度と出てこないかもしれない日本球界の宝ではないか。

心優しいファンはそれでも「若い大谷の夢をかなえさせたい」「メジャーで二刀流をどれだけやれるか見るのが楽しみ」と渡米を大歓迎しているが、私が信じられないのは、最大の戦力が抜ける球団や監督までもが拍手で送り出したことだ。

たしかに人間としては、有為《ゆうい》の若者に大きなチャンスを与え、成功を祈るのは当然で、これには誰もが賛成するだろう。

しかし舞台はプロ野球である。戦力が激減する球団・チームがファンと同じようにいい子になるのはおかしいではないか。それでも「大谷のために」と笑顔で送り出すのは、エンゼルスから入る譲渡金・22億円がほしいためというしかない。

私が反対しているのは、渡米するのが大谷だからというだけではない。イチローに始まって大谷まで、これまでに計15人の日本人選手が流出したポスティングという制度に反対しているのだ。

私が、ファンもメディアも、プロ野球界までもが大歓迎しているこの制度に冷水を浴びせるように反対すると、いかにも若者の挑戦に理解のない冷たい人間のように思われるかもしれない。しかし私は、野球一筋の人生を送り、日本野球の将来を考える立場だから、選手本位で心優しいファンや、ポピュリズム（大衆迎合主義）のメディアとは違う。

２０１６年から導入された、「コリジョンルール」や審判による「リプレー検証」にも大反対だ。

いずれも「判定に正確を期す」という正論で導入された、メジャーリーグの猿まね制度である。一見、もっともな制度改善に思えるが、私にいわせれば、これこそ近代野球の機械化の陰で、野球を演出する大事な役者である審判たちの誇りと尊厳を踏みにじり、結果として彼らの技術とモチベーションの低下を招くことになる。

ついでにいえば、これらの審判制度改革は現場の審判たちが自主的に決めたのではなく、NPB（日本野球機構）の理事会と12球団の実行委員会が決めたもので、審判は犠牲者といえる。

野球の現場、グラウンドでは、このほかにもさまざまな変化が進んでいる。

私の腹が立つことの一つに、指導者の姿がある。なかでも気になるのが、「優しい監督」が多すぎることだ。

典型的なのが、「選手のおかげ」と感謝する優勝監督と、「監督を胴上げしてあげたい」と語る選手たちの言葉である。

私はなにも、暴力監督を歓迎しているわけではない。ただ、監督は選手に好かれようと思ってはならない。監督は、コーチを督励《とくれい》して選手を厳しく鍛え、結果として選手に勝つ喜びを教える責任がある。厳しくても、辛くても、「俺のいう通りにやればうまくなる、強くなる、そして優勝できる」ことを証明すれば、選手は信じてついてくるのだ。問題は、それを自信を持っていえる監督、コーチがいるかどうかだ。

私が許せないことはまだある。

たとえば、すべての打者が打席でバッティンググラブやフットガードをつけ、オープン戦や開幕後の寒い時期には、ネックウォーマーに首を埋めている選手が多い。フットガードにしても、打ち方が悪いから自打球がスネを直撃するのだ。王貞治、長嶋茂雄や私たちが現役だった時代も、鋭く食い込むシュートやフォークボールなど、落ちる球を多投する投手は多かった。それでも王は、スネあてをつけずに868本のホームランを打ち、長嶋は泳ぎながらもチャンスに勝利打点を叩き出した。

私にいわせれば、これらの新商品はスポーツ用品メーカーが売上を伸ばすために考案して選手に売りつけたものだ。目に余る制度や道具の改善は、いずれも本来の野球をダメにする。改善というより改悪である。

私は2016年3月、『巨人への遺言　プロ野球 生き残りの道』（幻冬舎）を上梓した。巨人の監督に現役引退直後の高橋由伸が就任し、清原和博が覚醒剤所持容疑で逮捕されたころである。

私はこの本で、私の古巣であり プロ野球の盟主であるべき巨人軍とプロ野球の病根を指摘し、将来も日本の野球が生き残るための処方箋を書いた。

その後の同年6月からは、webサイト「幻冬舎plus」で『日本野球よ、それは間違っている!』を連載した。いわば『巨人への遺言』の続編だが、本書はこの連載に加筆したものである。

連載では、読者から毎回多くのコメントをいただいた。コメントを書き込んだのは大半が野球の経験もない若者だろうが、私への批判でよく登場したのは、私の体験談に対する「50年も前の話だろ?」「お前は老害だ」という揶揄《やゆ》だった。

もちろん私は、そんな低劣な批判など気にしない。

私は広島県立呉三津田高校時代から本格的に野球を始め、早稲田大学を経て1954(昭和29)年に巨人に入団した。新人王を獲ったあと、5年目からは長嶋と三遊間を組み、やがて一塁に王が入った。ついでながら、背番号は王が1、私が2、長嶋が3だった。

巨人のショートとして現役を引退してからは、野球評論家を経て広島とヤクルトでコーチ、ヤクルトと西武で監督を務めたので、いわゆる一般サラリーマンの経験はない。

つまり私は野球一筋の人生だが、人間の生き方や野球について、86歳になったいまだからこそわかることは多い。私自身、若いときにはわからなかった野球の神髄を、いまの選手や野球ファンにぜひ伝えたい。

当然、私の意見はいまの野球界に手厳しいが、ただの批判ではなく、「なぜそれは間違っているのか」を説明し、「こうすればよくなる。こうすればうまくなれる」という真理と本質を書いたつもりだ。

いま、野球界は崩れている。この崩壊を食い止め、再建するにはどうすればいいか。

私は、日本野球を本来あるべき姿に戻すべきだと考えている。それは古代中国の歴史家・司馬遷が、古代の史実や人物を通して人間の歴史と現在を見つめたように、決して後ろ向きの考えではない。正しい野球を作るための革命なのだ。

50年や100年で野球の基本や本質が変わるものではないし、大リーグの猿まねが近代野球だと信じて疑わないのは、大きな錯覚である。

日本野球よ、それは間違っている！　目次

第1章　巨人再建の条件

第2章 それでも大谷のポスティング移籍には反対だ！

第3章 イチローは引退して指導者になれ

第4章 清宮は一本足打法の神髄を学べ

第5章
メジャーの猿まね制度改悪は間違っている

第6章 私の監督論

装幀　多田和博＋フィールドワーク
写真　南浦　護
本文デザイン・DTP　美創

第1章

巨人再建の条件

敗因はキャンプにあった

　プロ野球の1年は、2月のキャンプから始まる。つまりキャンプインの2月1日は、プロ野球の元日である。私は高橋由伸が監督就任2年目を迎えた2017年の宮崎・巨人キャンプをテレビ中継で見て「巨人は今年もダメだな。こんなキャンプでV奪還できるのか」と愕然とした。

　プロ野球は3月からオープン戦が本格化するが、私はこれまで、ケーブルテレビの生中継で毎日、各球団の練習ぶりを見てきた。さすがにどのチームも一生懸命やっていたが、気になったのが巨人のキャンプだ。

　一言でいうと、巨人のキャンプは真剣味がたりなかった。人気球団だけにスタンドで見守るファンも多いなか、グラウンドでは監督・コーチが取材や来客の応対でニヤニヤ笑っていることが多かった。ブルペンでも投手コーチはただ見ているだけで、問題点を指摘して突っ込んだ指導をしている姿が見えないし、その意気込みも感じられなかった。

ネックウォーマーを手放せないコーチと選手

野手練習で私があきれたのは、コーチが顔の埋まりそうな深いネックウォーマーをつけてノックしていたことだ。

私が監督なら、こんなコーチは許さない。「そんなに寒いならやめろ」と一喝してグラウンドから退場させる。選手と真剣勝負で向かい合うノッカーが寒いわけがない。ネックウォーマーをつけなければ寒いのは、気持ちがたるんでいるからだ。

FA補強や外国人選手の間で外野の一角を死守しなければならない生え抜きの長野《ちょうの》久義まで、ネックウォーマーをつけたまま練習していた。監督・コーチも選手も緊張感が乏しく、心がけがなっていない。

このほか、打撃投手は打ちやすいゆるい球ばかり投げ、しかもコントロールが悪く、ストライクが入らない者もいる。

ティーバッティングで、外野スタンドを狙うのもおかしい。ティーバッティングはレベル（水平）スイングでライナーを打つ練習であって、アッパースイングのホームラン競争ではないはずだ。

気になることを挙げればきりがないが、こんなことでは、前年（２０１６年）17・5ゲームの大差で独走を許した広島から、ペナントを奪還できるわけがない。

一方、カープはコーチも選手も一生懸命で目の色が違っていた。ブルペンやグラウンドで練習を見守るコーチたちは、「これがコーチの目だ」と思わせる目をしていた。長年、監督を務めた私には一目でわかる。

私の心配は現実になった。２年目の高橋・巨人は前年3位の横浜ＤｅＮＡにも逆転されて4位に終わり、11年ぶりのＢクラスが決まった。過去22回日本一の名門が、３年連続でリーグ優勝を逃した。

そして２０１８年の巨人キャンプも、これまでと同じだった。

すべてはキャンプの準備で決まる

野村克也が現役を引退して野球評論家になったとき、取材に来て「ヒロさんはいいな。なんにもしないでも選手がちゃんとやって勝てるから」といった。私が西武ライオンズの監督をしていたころである。

野村が南海の監督時代、思うようにいかなかったことを悔やんでのことだろうが、私はいってやった。

「日頃やってないことを試合のときだけやろうとしてもダメなんだよ。試合になってから、こうやったらいいな、と思いつきのサインを出すからうまくいかないんだ。日頃から練習していないことを試合のときだけやってもうまくいくはずがない。俺はあらゆることを想定してキャンプで必要な練習をさせているから、試合ではなんにもしなくていい。ただ選手を信用して見ているだけだ」

監督が練習もしていない作戦を試合でやろうとするのは、いい結果を求めるための色気、人間の欲というものだ。野球はシナリオのないドラマで、何が起こるかわからない。しかし、春のキャンプで可能な限りさまざまなケースについての準備をしていれば本番になって慌てることはない。

私は新聞記者に「広岡さんの野球はオーソドックスで、奇抜なサインもないですね」といわれたことがある。「当然だ」と私は答えた。

「野球に奇策やマジックはない。試合になったら、そのとき一番確率の高い作戦をやるだけで、勝敗を分けるのはキャンプでチームとしてどれだけ準備（練習）をしたかだ。ペナントレースが始まったら、監督は見守っているだけ。すべてはキャンプでの準備に尽きる」

この話を聞いた記者はいった。

「巨人の川上哲治監督もV9時代に同じことをいっていましたよ。『特別な作戦なんかあるはずがない。監督の判断ミスで負けることはあっても、監督の作戦で勝つことなんかほとんどない』と」

動かない監督とベンチ

私は2016年の開幕前に上梓した『巨人への遺言』で、「巨人・高橋新監督の課題」を書いた。スーパースターがコーチ経験もなくいきなり監督になることに反対している私は、高橋にいくつかのアドバイスをした。

そのなかで、「サインは自分で出せ」「一番難しい投手交代は自分で決めろ」「この1年はキャンプと思って毎日、試合前に練習を続けろ」と書いた。

また連載でも、「ピンチにはマウンドに行ってハッパをかけろ」と陣頭指揮を勧めた。いずれも選手たちに1年生監督の本気度と覚悟を示すためだが、広島に突き放されたときも、終盤でDeNAに追い上げられたときも、必勝の気迫と先頭に立って逆境をはね返そうとする動きは見られなかった。

試合前後のミーティングや遠征先で、選手たちにどんな指示や策を授けたかはわからない。しかし監督やコーチが必死に態勢を立て直そうとすれば、ベンチや試合の動きに表れるはずだ。だが、高橋の采配や言動に変化は見られなかった。

「選手の自主性を尊重したい」と語ってスタートした高橋・巨人は、最後まで〝馬なり〟で走ったようにしか見えなかった。

ＦＡ補強よりも、いまいる選手を育てて勝て

プロ野球は、年末を前にＦＡ（フリーエージェント）やトレードによる大型補強がマスコミを賑わせる。

２０１６年のオフで最もＦＡ市場の注目を集めたのは、オリックスから阪神に移籍した糸井嘉男外野手で、４年契約総額18億円超、年俸にして４億５０００万円（推定）だった。

阪神の大盤振る舞いに刺激されたように、巨人もＦＡ補強に目の色を変えた。12月1日にはＤｅＮＡの山口俊投手とソフトバンクの森福允彦《まさひこ》投手を複数年契約で獲得し、14日には日本ハム・陽岱鋼《ようだいかん》外野手の入団も決まった。

ＦＡは選手が初めて移籍の自由を与えられる制度だから、行きたいところに行けばいい。問題は獲るほうにある。

球団は戦力に穴をあけないために計画的に有能な新人をドラフト会議で獲得し、育

てて一人前にするはずだ。ＦＡで他球団の有力選手をかき集めるのは、ドラフトで獲った有望選手を育てられなかった証である。

大量補強は選手育成失敗の証拠

毎年１人ぐらいをＦＡで獲るのならわからなくもないが、巨人のように３人も獲得するのはおかしい。

一度に３人も獲るのはＦＡ史上初めてだが、２０１６年オフの補強はこれだけではない。トレードで日ハムの吉川光夫投手と石川慎吾外野手、楽天から柿澤貴裕内野手を獲り、元楽天で大リーグに戻っていたマギー内野手やマリナーズのカミネロ投手とも契約した。これで計８人も獲得したことになる。

巨人はこんなに大量補強をして、生え抜きの選手たちをどうするのか。

２０１５年、センターと内野をかけ持ちして打率・３０４をマークした立岡宗一郎などは、陽が来て出る幕がなく、内野も、マギーの加入で選手があふれてしまう。

以前、巨人のフロント幹部に「毎年ＦＡで選手を獲るより、もっと自前の選手を育てるべきではないか」といったことがある。するとその幹部は、「ファンがうるさいから勝たなくてはいけないので、ＦＡやトレードで補強します。その間に二軍や育成選手を立派に育てます」といった。

しかし私にいわせればへりくつだ。オフの補強は「どこをどう強化するか」をＧＭ（ゼネラルマネジャー）と監督が綿密に相談して決めるものだが、この年のような大量補強は、そういう相談をしていない証拠である。

新監督でカープに大敗した巨人としては、なりふりかまわぬ補強でなんとしてもＶ奪還をめざしたかったのだろうが、これは2年目を迎える監督・高橋由伸にとってもいいことばかりではない。アメリカなら、フロントが大補強をして優勝できなければ監督のクビが飛ぶ。

移籍先が前球団にドラフト指名権を譲渡する、大リーグのＦＡ制度

２０１６年12月４日、都内で開かれた巨人のＯＢ会で、私は「ＦＡやトレードでこんなに選手を獲れば、担当コーチは堕落する。これで勝てるなら、コーチが若い選手を育てる必要がないではないか」と発言した。カネと人気で既成の有力選手を集めると、若い選手はやる気をなくし、コーチたちは手を抜くからだ。

こんなことをいうと、「大金を投じて選手を集めるＦＡ制度はメジャーでもやっている」という人もいるだろう。しかしアメリカでは、ＦＡ選手を獲った球団はその選手が所属していた球団に、次のドラフト会議で新人選手の１巡目指名権を譲渡しなければならない。

大リーグのドラフト会議は１巡目から最後まで、全球団で勝率の最下位チームから順番に指名を繰り返す完全ウェイバー方式である。

ＦＡ選手を獲得した球団は２巡目からの指名となり、逆にＦＡで選手を失った球団

は1巡目の指名を計2回できることになる。FA選手のランクによっては指名権譲渡が2人分の場合もあり、「獲得球団のドラフト指名は3巡目から」ということもある。

これは人気と資金力で有力選手を集める球団が、貴重な戦力を失う球団に「私が譲った指名権で、いい新人を一人多く獲ってチームを強化してください」というもので、大リーグ特有の「公平と共存共栄」の精神から生まれたものだ。

たしかに日本にも、FAの見返りとなる補償制度はある。FAで選手が移籍した場合、選手の年俸ランクによって移籍先の球団は移籍前の球団に「金銭または金銭と選手」の見返り補償をすることになっているが、大リーグの「ドラフト指名権譲渡」とは理念も重さも違う。

ヤクルト・松園オーナーの「トレード反対」は正しかった

トレードについては、忘れられないことがある。

私がヤクルトの監督のとき、どうしても実力のある二塁手がほしかったので、ロッテの山崎裕之のトレードを計画した。話は成立寸前までいったが、松園オーナーに「私はトレードは嫌いだ。縁あってドラフトで入団した選手を育てて勝ってくれ」と反対されてつぶれてしまった。

あのとき「巨人には勝たなくていい。ヤクルトのお客さんは巨人ファンが多いから、巨人に勝ったらヤクルトが売れなくなる」といわれたのにはまいったが、いま思うと「ドラフトで獲った選手を育ててくれ」という松園オーナーの考えは正しかった。

プロ野球の目標は優勝だが、チーム強化の原点は際限のない投資競争ではなく「育てて勝つ」こと。そしてコミッショナーもオーナーも選手も、うわべだけの猿まねはやめ、大リーグの深層にやどる「公平と共存共栄」の神髄を学ばなければ、プロ野球は生き残れないだろう。

復活のカギは高橋由伸監督の自立

2017年のプロ野球は、2月1日からのスプリング・キャンプで球春を迎えた。

高橋由伸監督2年目の見どころは、前年、広島に大敗した巨人が復活できるかだった。

私が前著『巨人への遺言』のまえがきとした「巨人・高橋新監督の課題」で指摘したのは、新監督は就任にあたって自分のやりたい野球を明確にしなければならず、そのためには「こういうチームを、こうして作る」という独自のビジョンを示すべきだ、ということだった。

私はその後、巨人の野球を見守ったが、最後まで高橋がどんな野球をめざしていたのか、わからなかった。敗因についてはすでに書いたが、いま大事なことは、巨人が屈辱的な大敗から何を学んで復活につなげるかである。

先発ローテーションを確立せよ

巨人がV奪還のために必要な課題は、まず投壊の反省を生かして投手陣を再建することだった。前年はエース・菅野智之が9勝6敗、防御率トップの成績を残したが、田口麗斗が10勝10敗で防御率4位と踏ん張っただけで、あとに続く先発投手がいなかった。

高橋監督は2年目の2017年こそ5人の先発グループを構築し、中4日か5日で1年間固定して回せる、真のローテーションを確立すべきだった。

そのためには、「自分は外野手出身だから」と投手陣をピッチングコーチに丸投げするのではなく、キャンプから毎日担当コーチと話し合い、ローテーション確立の陣頭指揮を執る必要がある。投手の出来が勝敗の7割以上を決める野球では、その結果責任はすべて監督が負わなければならないからだ。

コーチを指揮して自分のやりたい野球をやれ

投手陣だけではない。高橋はこれまで、最後までベンチで動かず、試合の進行はヘッドコーチに任せっぱなしに見えた。試合は生き物である。監督は刻々と変わる展開にインスピレーションで対応し、自分でサインを出さなければならない。

巨人に限らず、ほとんどの監督がサインをコーチに丸投げしているのは間違いだ。監督はコーチの神輿《みこし》に乗るのではなく、コーチを指揮し、選手に自らサインを出し、ピンチにはマウンドに行って活を入れるべきなのだ。

だから巨人がV奪回と日本一をめざすためにやるべきことは、監督・高橋の自立である。

今後も大量補強に頼るなら巨人のV奪回はない

２０１６年のオフ、巨人は投手の山口俊と森福允彦、外野手の陽岱鋼と３人のＦＡ選手を獲得した。このほかアメリカからタイガースの内野手で元楽天のマギーとマリナーズの投手・カミネロをトレードの３選手と２人の外国人育成選手を含めると計10人の大補強を行った。総額30億円超ともいわれる大量補強は、勝つためには惜しげもなく大金をつぎ込む金満球団らしい戦略だが、これはフロントの主導だったと私は思う。

ＦＡやトレードによる補強は、フロントの責任者であるＧＭと現場の監督がチームの現状や強化策について常に相談していなければできない。

私は長年の大リーグ視察で、試合が終わるとＧＭと監督がヒザを突き合わせるようにして情報交換している姿を何度も見てきた。

巨人の補強がフロント主導だとしたら、高橋監督はその前に「そんなにたくさん補強する必要はありません。私が現有戦力を育てて勝ちます」というべきだった。

これだけ大補強をしてもらっても優勝できなかったら、監督は引責辞任になるからだ。

またもし、この大補強が高橋監督のフロントへのおねだりだったら巨人の前途は暗い。なぜなら前年の屈辱から何も学ばず、カネと人気に頼った大補強にあぐらをかいているとしか思えないからだ。

広島や日ハムのように自前の戦力を育てることをせず、今後も巨人が安易に補強組に頼るようなら、リーグ優勝も日本一もないだろう。

選手の不祥事は罰金1000万円の厳罰に――

球界の盟主であるはずの巨人で、また信じられない〝事件〟が起きた。前年の2016年オフ、横浜DeNAからFAで獲得した山口俊投手が2017年7月11日未明、都内の飲食店で泥酔し、ガラスで利き腕の右手甲をケガしたのだ。

投手としてはこれだけでもアウトなのに、治療のために向かった病院で扉を壊したり、警備員に暴行を働いたという。

事実関係は警視庁で捜査中だが、病院から器物損壊と傷害の被害届が出されたのだから、プロ野球選手失格である。

山口は外野手の陽岱鋼（前北海道日本ハム）、中継ぎ投手の森福允彦（前福岡ソフトバンク）とともにFAで入団したが、右肩痛のためキャンプは三軍スタート。6月14日にやっと一軍で初登板したが、計4試合に登板して1勝1敗、防御率6・43（2017年7月9日時点）と期待を裏切っていた。

事件が発生したのは、7月9日の阪神戦に先発して5回6失点でKOされ、翌日の試合途中にチームを離れて帰京した直後だったという。そもそも先発投手が登板翌日のベンチ入りを免除されるのは、次回の登板に備えて調整するためだ。深夜まで友達と、それも利き腕を負傷して病院で大暴れするほど泥酔するためではない。

それでなくとも3年総額7億円（推定）の契約に見合う働きができず、大型バブル補強の責任を問われて前GMが更迭された直後の不祥事である。プロ野球選手としてというより、人間として論外であり、本来なら即解雇だ。

伊良部の罰金100万円を母親に返した理由

私も1995年から千葉ロッテのGMを務めたとき、忘れられない経験がある。エースの伊良部秀輝がある日、「溝に落ちて足をケガした」という理由で先発登板を拒否したのだ。当時の処分なら数十万円の罰金が常識だろうが、伊良部の日頃の言動から登板拒否の理由に疑問を感じていた私は、担当コーチに「100万円の罰金をとれ」と命じた。

監督の降板命令に怒ってグラブと帽子をスタンドに投げ入れるなど、球界屈指のトラブルメーカーだった伊良部はさぞ驚き、怒ったことだろう。

しかし、伊良部はその年活躍し、最優秀防御率と最多奪三振のタイトルを獲ったので、私はシーズン後、罰金の100万円を本人ではなく、伊良部の母親に送った。

私が高額の罰金を母親に送ったのは、驚いた親が罰金を子どもに返せば、伊良部にエースの自覚が芽生えるだろうと思ったからだ。中途半端な罰金は本人の怒りと不満を増幅させるだけだが、高額の罰金が親を通して返ってくれば、カネが生きることになる。

伊良部はその後、1997年にニューヨーク・ヤンキースに移籍した。罰金の真意がどこまで伝わっていたかは、わからない。

FA選手に人間教育を怠った巨人の責任

では巨人は、大酒飲みで酒癖が悪いといわれる山口にどんな処分を下すのか。

今回の出来事が事実なら即解雇が妥当だが、私は選手の野球人生を奪うだけが処分ではないと思う。

たとえばチーム不振の責任が、無能でやる気のないコーチ陣にもあるなら、球団は容赦なく問題コーチを二軍に落としたらいい。しかしその場合も、なぜ左遷されたのかをよく説明し、「下でしっかり指導者として勉強し直してこい」といって送り出せば、心を入れ替えて真剣に二軍選手を鍛えるはずだ。そして指導者として成果を挙げたら、また一軍に呼び戻せばいい。

つまり処分は、その人間を殺すのではなく、生かすものであるべきだと私は思う。

山口もまだ30歳。やったことはプロ野球選手としてあるまじき行為だが、心から反省して練習に励めば、これまで以上の投手になる可能性は残っている。

しかし、巨額の年俸を手にしたFA選手に半端な罰金でお茶を濁せば、甘やかすだけだ。いずれ酒乱投手に逆戻りするだろう。

だからここは、罰金500万円や1000万円の厳罰に処し、徴収した大金はあとで親に渡したらどうか。まともな親なら球団の温情を察し、息子に罰金を返して諄々《じゅんじゅん》と諭すはずだ。

最後に指摘しなければならないのは、巨人の責任である。2017年に向け、巨人は総額30億円超といわれる大型バブル補強で、山口をはじめ3人のFA選手のほか、外国人選手など10人の新戦力を補強した。

ドラフトで獲得した新人が育たないから、他球団の即戦力を豊富な資金力で集めたのだが、これらの新戦力に「巨人とは何か」をしっかり教えているのか。プロ野球の生みの親で巨人の創設者・正力松太郎の遺訓「巨人軍は常に紳士たれ」の意味を教えたのか。「巨人軍の伝統とは何か」を教えたのだろうか。

2015年、巨人ナインが野球賭博問題で摘発されたとき、球団首脳は「再発防止と信頼回復に全力を尽くす」と繰り返した。しかし大事なのは形式的な対策ではなく、選手への人間教育である。今回の飲酒による不祥事が証明したのは、巨人が勝利を急ぐあまりカネで集めた補強選手に、根本的な人間指導を怠っていたことだ。

巨人はその後、山口に対して2017年シーズン終了までの出場停止と罰金や減俸、契約期間の短縮などで、実質1億円を超えると見られる処分を科した。

これに対し日本プロ野球選手会が、処分が重すぎることや、契約の見直しが独占禁止法の違反やFA制度の根幹に関わると主張して再検討を求めた。

しかし巨人は「処分内容は妥当。契約見直しは山口俊も納得したうえで行われたもので、野球協約や法令に反する点はなく、FA制度にも影響はない」と反論。同年9月に行われたプロ野球実行委員会でも巨人の処分が不当という声はなかった。

こうした巨人とNPBの不誠実な対応が不当労働行為にあたるとして、同年10月、選手会は東京都労働委員会に対し救済申立を行った。(編集部)

◇

巨人の低迷はGMだけの責任か

２０１７年6月に球団ワーストの13連敗を記録した巨人が、監督・選手を統括する現場の責任者であるＧＭを更迭した。フロントの責任者である球団社長も交代したが、交流戦さなかのフロント幹部の引責辞任はファンに衝撃を与えた。

そもそも、ＧＭとはどういうものなのか。

米大リーグでは、ＧＭはオーナーからチーム編成の全権を与えられ、監督・コーチの人選や多額な補強費の使い方も一任されている。

それだけに、補強費に見合う結果が出せなければ、責任を問われて解雇される。最近のメジャーは野球経験のない若いＧＭが高額の年俸で抜擢されることが多いが、彼らは学生時代から野球とスポーツマネジメントを勉強し、任務に対する責任感と覚悟は強い。

この年も某球団のＧＭが来日して私を訪ねてきた。私が日本の野球事情や選手の指導法などを話すと、「大変役に立った。これからは日本の野球のいいところも取り入れたい」といって帰っていった。

責任感と覚悟がない日本のGM

日本の球団にもGMや、編成部門の責任者を兼務する球団代表がいるが、親会社幹部の一時的な天下りが多く、定期異動で本社に戻るのでGMとしての責任感と覚悟がない。

巨人の堤辰佳・前GMも読売新聞運動部長からの出向で、2015年5月、GMに就任した。慶大時代は野球部主将で、巨人では広報部長や統括部長兼GM補佐などを経験しているが、プロ野球の経験はない。

高橋由伸監督1年目の2016年は2位に終わったため、オフには巨額の補強費を与えられ、日本ハムから陽岱鋼外野手、DeNAから山口俊投手、ソフトバンクから森福允彦投手の3人をFAで同時獲得した。陽の5年契約で総額15億円超（推定）をはじめ、3年総額7億円（推定）の山口など、トレードなども含めた補強費の総額は30億円以上だという。

ところがこの大補強は裏目に出た。新外国人のマギーやカミネロは活躍したが、陽は下半身の張りで、山口は右肩の違和感で6月初めまで二軍生活が続き、下位低迷の一因になった。

これではさすがの日本でも、GMが責任を問われるのはしかたがない。

しかし、堤・前GMは3人を実際に見て獲得したのだろうか。私は以前からDeNAの関係者に、「山口は横浜時代から故障していた。巨人はあの傷物をよく獲りましたね」と聞いていた。政界でも、入閣するときは〝身体検査〟を受けるが、体が命のプロ野球で、故障持ちを承知で獲得を勧めたスカウトがいたのなら、そのスカウトこそクビにすべきだ。

ドラフト1位を育てられないコーチ

これまでの一連の問題は、ＧＭの責任だけではすまされない。本来、監督の人選はＧＭの専権事項であり、ＧＭが自分のめざすチーム編成方針にそって理想の候補者を球団トップに推薦し、トップは本社に報告して決定するのだ。

ところが巨人は、読売本社の意向を優先させてコーチ経験もない現役外野手・高橋由伸をいきなり新監督に据えた。これはファンや新聞購読者を引き留めるための利益優先の方策であり、球団のスターを現役から即監督にするのはファンをだますだけだ。

一方、この監督が外野手出身で指導者の経験がないのなら、それぞれの担当コーチが責任を持って選手を指導し、監督を補佐しなければならない。ところが戦場（グラウンド）を見る限り、コーチたちの真剣な仕事ぶりがまるで見えない。

チーム強化の原点は、ドラフト会議で獲得した生え抜き選手を育てることである。

ＦＡやトレードで大型補強をする一方で、ドラフト1位や2位の選手が育たないのは、二軍も含めてコーチたちに選手を育てる能力とやる気がないからだ。

読売本社は真のGMを育てる覚悟を

12球団で最も歴史が古い巨人は、初代オーナーでプロ野球の創設者・正力松太郎の時代から、ペナントレースに勝つのは当たり前、日本選手権（日本シリーズ）に勝って初めて「よくやった」と褒められた。

現在の巨人も、大正力の威光を汲んで「なんとしても日本一にならなければ」と大金をつぎ込み、ＦＡ選手をたくさん獲った。しかし、資金力でいい選手を集めたはいいが、結果が出なかったことを、率直に反省しなければならない。

今回は巨人ＯＢの鹿取義隆をＧＭ兼編成本部長に起用したが、読売本社は本来あるべき姿のＧＭを作るため、彼に大正力のいう「日本選手権に勝つ」ためのチーム作りと、監督・コーチ人事を任せる覚悟と我慢が必要だ。

そうすることで、球団フロントにも野球の現場にも責任観念を植えつけることができる。

焦ることはない。あれだけ素材のいい選手がそろっているのだから、正しい野球を教え込めばすぐ勝てる。なにも大金をつぎ込んで、他球団が育てた選手をかき集める必要はない。

ナインの危険な〝肥満体質〟

２０１７年の巨人は11年ぶりのＢクラス転落で初めてＣＳ（クライマックスシリーズ）を逃し、主力打者の村田修一を自由契約にした。

村田はシーズン序盤、打撃不振で三塁のポジションを新加入のマギーに奪われた。やっと後半戦にポジションを取り戻して５番に座ったが、打率・２６２、本塁打14本ではクリーンナップ失格だった。

鹿取ＧＭは村田の自由契約について、「まだ十分、選手としての力はあると思うが、チームが若返りを図るためにこういうことになった。苦渋の決断でした」と語ったが、巨人の判断は正しいと思う。

私も村田の打撃と守備のセンスは評価している。しかし37歳で１７７㎝、92㎏の体は太りすぎで、動きも悪くなった。

ファンから見れば、大きな体のわりには無難に捕るし、送球も安定しているので上手なサードに見えるだろう。だが、ショート出身で監督として両リーグの内野手を数多く見てきた私にいわせれば、年俸2億2000万円（推定）のサードとしてはものたりない。

以前から指摘しているように、もっと走って体を絞り込んでいれば、まだ巨人のサードと主軸の座を守ることができただろう。

阿部、澤村、菅野、田口も赤信号

私が村田の自由契約を見て気がかりなのは、巨人ナインの肥満体質である。

改めていうまでもなく、主砲の阿部慎之助も38歳で97kgになり、一塁の守備がおぼつかない。巨人の若返り方針が本気なら、2018年には村田に続いて阿部の姿が巨人から消えるかもしれない。

私はこれまでも、右肩痛で二軍生活を続ける澤村拓一《ひろかず》の肥満を指摘してきたが、投手陣で心配なのは澤村だけではない。

２０１７年に17勝５敗、防御率１・５９でセ・リーグ最多勝と最優秀防御率のタイトルを獲ったエース・菅野智之も年々肉づきがよくなっているし、13勝４敗で菅野、マイコラスとともに先発３本柱の一角を担う田口麗斗も１７１㎝で83kgになった。これはシーズン開幕前の公表体重だが、シーズン中にもっと太ったのではないか。

選手にとって肥満が危険なのは、故障の原因になり、選手寿命を縮めることになるからだ。こんなことをいうと、「太るのは体質だからしかたがない」という反論が出るかもしれない。だが私は体質だけではすまされないと思う。

先輩名選手たちの自己管理に学べ

村田と阿部の肥満コンビを見て思い出すのは、私が巨人のショートだったとき三遊間を組んだ長嶋茂雄と一塁の王貞治である。

長嶋の胸毛に覆われた胸の筋肉はキュッと締まり、案外細い脚の筋肉は柔らかかった。

一方、王は全身が名横綱・千代の富士にそっくりの引き締まった筋肉で、無駄な肉はどこにもなかった。

2人は打撃練習が終わると、夏でもウインドブレーカーを着込み、外野のフェンスぞいを走って汗を絞っていた。

もう一人忘れてならないのは、1965年に国鉄（現ヤクルト）から移籍してきた金田正一だ。金田は宮崎キャンプの自室にコンロと魚や野菜など自前の食材を持ち込んで、毎日のように後輩投手たちと〝特製鍋〟を楽しんだ。栄養バランスを考えた、カネやん流健康管理である。

もちろんグラウンドでは率先して走り込み、とことん体をいじめる姿は、後輩たちのお手本になった。巨人に来たときの金田は長年の酷使で左ヒジがボロボロだったが、大きなカーブと投球術を駆使して36歳まで投げ続け、前人未到の400勝を達成した。

これだけでもわかるように、球界の先輩たちは自己管理と猛練習で球史に残る記録を達成してきたことを忘れてはならない。

もう一つの問題は、選手の肥満を黙認してきたコーチの責任である。

監督・コーチは選手が成長し、少しでも長く球界で活躍できるよう手助けするのが仕事である。ならば、グラウンドで技術を教えるだけでなく、選手の日常生活に目を配り、自己管理を徹底するよう指導するのも大事な役目だ。

屈辱のＢクラスからＶ奪還をめざすための課題は多いが、チームの財産である選手の健康管理も怠ってはならない。

大田泰示のトレードはコーチの責任

2016年オフ、巨人が外野手・大田泰示を日本ハムにトレードした。巨人からは大田と公文克彦投手、日ハムからは吉川光夫投手と石川慎吾外野手の、2対2のトレードである。

大田は2008年のドラフト1位で東海大相模高校から巨人に入団した。毎年「将来の4番候補」と期待されたが、2016年も62試合に出場して打率・202、4本塁打に終わった。

私はこのトレードのニュースに愕然とした。歴代の監督・コーチに「大田を大成させるために、あらゆる努力をしたか」と問えば、口をそろえて「した」というだろう。しかし、私はそうは思わない。

私は前から「大田は化ける」と思っていた。なぜかというと、背丈があって顔もいい。肩もいいし、走れるし、全部そろっているが、バッティングのタイミングというものを知らない。それだけだった。

当たればホームランになるということは、打てるということだ。これほどの逸材をものにするだけの根気が、巨人のコーチ陣にない。私はヤクルトと西武で監督を務めた経験から、選手を育てるには「選手のやる気とコーチの根気」が不可欠だと思っている。この持論からいえば、大田の努力もたりないが、ドラフト1位の大器を8年かけても育てられなかった監督・コーチの責任は大きい。

大田の欠陥はタイミングのとり方

大田の欠陥はわかっている。馬鹿正直に、「球が来たら左足を踏み出し、バックスイングしてから打つ」という理論通りにバットを振っているのだ。これでは一度構えたバットを、球が来てから引いて打つことになるから間に合わない。私が「タイミングのとり方を知らない」というのはこのことだ。

たとえば外野手は、打球を捕ったらすぐ投げなければ間に合わないが、分解写真で見ると、前足を踏み出してからテークバックして投げている。これを一連の動きのなかで素早くやるから、流れるようなスローイングになっている。

打者もスロー映像で見れば同じで「前足を踏み出してから打ちに行く」のだが、コーチが動きを分解して教えるから、選手は分解写真のように打とうとしてタイミングが遅れてしまう。

イチローは、投手がモーションを起こすとバットを高く構え、ボールが来たらそのまま、バックスイングをしないで打っている。そうでないと、メジャーの速くて重い球を打てないからだ。

あの王貞治も同じだ。右足を上げてバットを耳のあたりで構えて待ち、ボールが来たら無駄な動きをしないで打った。

大田の場合も、コーチが「それではダメだ。こうしなさい。そうすれば打てる」と教えればいいのに、それを教える自信も説得力もない。

私だったら、まず大田が縛られている分解写真理論を忘れさせる。そのために打席の一番前（ベース寄り）に立たせ、バックスイングをしないで打たせる。

そうすればボールに差し込まれることがないし、投手が勝負球を投げる外角が真ん中になる。そのかわり内角が打ちにくくなるから、ファウルでかわすか、内角球も打てるように練習すればいい。もっとも打者がベース寄りに立てば、投手も死球を怖がって内角には投げにくくなる。

大田が打撃理論に縛られているように、野球には理論がある。理論を理解するだけでうまくなるなら東大の選手が一番だ。しかし頭で覚えた理論を実践するために練習がある。

コーチは正しい理論を教えたら、それが身につくまで練習を繰り返し、体に覚え込ませなければ教えたことにはならない。大田もそれが理解できなければ、壁を乗り越えられないだろう。

日ハムが大田を獲ったのは「まだ化ける」と見たからだ。大田が日ハムで打てるようになったら、いいコーチがいたということになる。そして巨人には、将来の大砲候補を8年かけても育てるコーチがいなかったことになる。

大田は２０１７年、日ハムで１１８試合に出場して打率・２５８、本塁打15本を記録した。

前年の巨人では、62試合、打率・２０２、本塁打４本だった。このトレードはなんだったのか。

巨人は高橋新監督でリーグ優勝を逃し、Ｖ奪回をめざした。大田のトレードを皮切りに、日ハム・陽、ＤｅＮＡ・山口ら３人のＦＡ選手とカミネロ、マギーなどの大リーガーも含めた大補強で２年目に臨んだが、２０１７年も４位に沈んだ。

２０１８年は高橋監督にとって３年契約の最終年だが、「育てて勝つ」広島の教訓に学ぶことを忘れてはならない。

第2章

それでも大谷のポスティング移籍には反対だ！

ポスティング制度は日本のプロ野球を滅ぼす

日本ハムの大谷翔平投手が米大リーグ、ロサンゼルス・エンゼルスに入団し、スプリング・キャンプに参加した。

大谷がポスティングシステムを使って米大リーグをめざすことを正式に発表したのは２０１７年11月11日。メディアがトップニュースで伝え、まるでお祭り騒ぎだったが、私は日本球界の宝を米大リーグに売り渡すポスティングシステムには反対だ。

ポスティング制度で選手がＭＬＢ（米大リーグ機構）入りを希望し、所属球団が退団・移籍を認めれば、落札したメジャー球団から２０００万ドル（約22億円）を上限に譲渡金を受け取ることができる。

これまでポスティングでメジャーに移籍した日本人は、２０００年のオフに契約を交わしたイチローをはじめ15人いる。この間の制度変更で入札条件や選手の契約金・年俸もさまざまだが、２００６年11月に西武からレッドソックスに移籍した松坂大輔は入札額が当時約60億円、契約金・年俸は6年契約で総額約61億円だった。

その後、2011年末に日本ハムからレンジャーズに入団したダルビッシュ有は入札額が当時約40億円、契約金・年俸は6年契約で総額約46億円。

また2014年に楽天からヤンキースに移った田中将大《まさひろ》は譲渡金が当時約21億円、契約金・年俸は7年契約で総額約161億円だ。

一方、大谷に入る契約金・年俸はこれまでの選手に比べて大幅に安くなる。

前年オフ、MLBと選手会で合意した新労使協定で、25歳未満のドラフト対象外の外国人選手はマイナーリーグ契約になったので、23歳の大谷の年俸もマイナーレベルの10万ドル（約1130万円）だ。

大谷フィーバーの真相は、スーパースターの格安価格

つまり、大リーグのほとんどの球団が大谷獲得に積極的なのは、大谷ほどのスーパースターを、これまでにない安い条件で買えるからだ。大谷フィーバーの裏には、F

Aバブルで人件費の高騰に苦しむMLBが、契約金の高騰を抑えるために定めた「海外新人25歳ルール」があることを忘れてはならない。

大谷のポスティング移籍を了承した日本ハムの竹田憲宗球団社長は「大谷が覚悟を決めたときには、背中を押してあげるのが球団の方針」と語り、栗山英樹監督は「常識とか、プロ野球はこうだというものを（大谷が）壊していったことは意味があった」とつけ加えた。

しかし、おかしいではないか。

日本ハムは、2016年に日本一を奪還したときの大黒柱がいなくなったら困るはずだ。

日本一から一転5位に転落したいまこそ、大谷の故障回復を待って2018年のV奪還をめざすのがプロ野球ではないのか。

これから十何年もエースとして頼らなくてはならない投手をすんなり大リーグに売り渡すのは、ダルビッシュの譲渡で大金を得た球団が、こんどは大谷で金儲けをしたかったからとしか思えない。

いまこそ日ハムファンは、エースを売り渡す球団の〝ポスティング商法〟に怒るべきだ。

私が大谷の放出に反対するのは、日本ハムのためではない。大谷は、顔もいいし頭もいい。何より抜群の体があって、日本最高記録・165㎞／hの速球を投げる投手である。

このまま順調に伸びれば、400勝投手の金田正一を超えるかもしれないと期待していた。

その日本球界の宝が、高校卒業後5年でいなくなったら困る。ダルビッシュが行き、田中が行き、前田健太に続いて大谷が行く。これから先の10年余り、次の世代が育つまでの日本球界を守り、つなぐ主役たちが次々に流出したら、日本のプロ野球が滅んでしまう。

日本には、一軍登録が9シーズンを過ぎれば自由に国内外の球団と契約できる海外

FA制度がある。

大谷に限らず、それまでは母国・日本のために尽くし、ファンに恩返しをしてから大リーグに挑戦するなら立派だが、「メジャーに行きたい。世界一になりたいからポスティング制度を利用してアメリカに行く」というのなら、卒業と同時に渡米して、悲惨なマイナーリーグ生活からはい上がって大リーガーになればいい。

もっとも大谷は、花巻東高校3年のときに大リーグ挑戦を表明していた。それが一転、日本ハムに入団したのは親の勧めがあったからだろう。それなら日本球界のため、海外FAまで日本で頑張るようにと親が説得すべきではないか。

大谷の渡米には賛否両論がある。「青年の夢をかなえさせたい」という個人ファースト派も少なくない。いや、心優しい野球ファンは、北海道を含めてほとんど賛成・応援派だろう。

あらゆるメディアがこのニュースを大歓迎するのはわかるが、プロ野球界、なかでも当事者の球団・監督が喜んでいるのはどうしても理解できない。

私が大谷のポスティング移籍に反対するのは、日本球界の将来を考えるからだ。

ファンから見れば、私は非情なひねくれ者に映るだろうが、野球や物事の本質を見る私の立場は、ファンやポピュリズムの評論家とは違う。

MLBは二刀流を許すのか

記者会見で大谷は「メジャーでも二刀流を続けたい」と語っていたが、米球界の実態を知っている私は「大リーグを甘く見てはいけない。メジャーリーガーになりたいなら、本業の投手に専念し、165㎞／hに磨きをかけろ」といいたい。

そのためには、足首やかかと、太ももなどのケガを完治させ、投手の命である下半身を鍛え直すことだ。そして球団がつけてくれる通訳を断り、自分で英語をマスターするくらいの覚悟を持ってほしい。

移籍当初からダルビッシュを取材してきたアメリカの担当記者によると「ダルビッシュも1年目は（滑りやすい）ボール、中4日の先発ローテーション、移動などに適応するのに時間がかかった」という。

大リーグでも大谷の二刀流に関心を示している球団が多かったが、それは争奪戦のための戦略だ。まともな監督やGMなら「投手に専念するのがベスト」と考えているに違いない。

大谷の二刀流は才能の無駄遣い

2016年のペナントレースが終わったとき、両リーグのタイトル一覧を掲載した新聞のどこを見ても、日本ハム・大谷翔平の名前がなかった。おかしいではないか。

この年のレギュラーシーズンの大谷は、投手として10勝4敗で防御率は1・86。プロ野球最速（当時）の164km／hを出し、5月22日から9連勝して日ハムに4年ぶりのリーグ優勝を呼び込んだ。

改めていうまでもなく、登板しない日は指名打者として自身最多の382打席に立ち、打率・322、22本塁打、67打点を叩き出し、四球54を含む出塁率・416は野手顔負けの活躍だった。

ところが公式記録では規定打席に届かず、本業の投球回も指の故障で140回どまりに終わり、規定投球回に3イニングたりなかった。つまり、パ・リーグ全日程終了時の打撃成績、投手成績を見ても、タイトルどころか大谷の名前さえないのである。

かさねていうが、3連覇を予想された強豪ソフトバンクを最大11・5ゲーム差から大逆転し、日ハムが4年ぶりのリーグ優勝を勝ち取ったのは、4年目22歳の大谷の投打にわたる活躍のおかげである。にもかかわらず大谷は「無冠の帝王」で、後世、2016年の公式記録を見たとき、その名前はどこにもないのだ。

指名打者より投手の技術を磨け

私はかねてから、大谷の「二刀流」に反対してきた。ファンは喜ぶかもしれないが、投手にとっては負担とリスクが大きすぎる。私は、先発投手は中4日か5日できっちりローテーションを守るべきだと書いてきた。ましてや大谷のようなエースは、開幕戦から最終戦まで、このローテーションの柱である。

それだけに、登板日の翌日から次の先発までは、独自のペースで調子を整えていく。この間に投手は技術の修正や課題の練習に取り組んで進化をめざしている。

ところが、この大事なインターバルにストレスがたまる指名打者として出場したらどうなるか。投手としての心身の調整や練習が犠牲になるだけでなく、打ったら走り、スライディングもしなければならない。いつ、どんなアクシデントに見舞われるかわからないのだ。そんな危険を冒すのは間違っている。

そして私が大谷の二刀流に反対するのは、高校を出て間もない若い投手が、簡単に二刀流で活躍できるようなプロ野球では情けないと思うからだ。

だから私は、大谷には投手に専念してもらいたい。2016年は途中で指の故障があったとしても、あれだけ活躍したのにどのタイトルにも名前が載らないような二刀流は、どっちつかずで才能の無駄遣いだ。

誰でもわかるように、大谷は100年に一人の天才投手である。いや、「100年に一人」といったら、400勝投手の金田正一が怒るだろう。

これまでの大谷は、投球も打撃も発展途上で未熟な点が多い。本業の投手としては、天性の巨体と地肩の強さで日本一の速球を投げたが、コントロールや変化球は大味で、巨人の菅野智之のような完成度はない。

また打者としても、腕が長いから真ん中から遠め（外角より）はヒットしているが、内角は高めの速球が窮屈そうだし、低めの変化球には泳いでいる。

私の西武監督時代のエース・東尾修のような、死球になりそうなきわどい内角攻めを徹底されたら打てないだろう。

完投・20勝めざして第二の金田になれ

野球では器用な選手は大成しない。コーチが何か教えると、「ハイ、わかりました」とすぐできるが、身についていないので忘れるのも早いからだ。

投げても打っても一流の大谷には、素質だけの選手で終わってほしくない。投手としてレベルの高い技を磨き、走り込んでスタミナをつけて、完投で20勝以上を続ける投手に育ってほしかった。

こんなことをいうと「投手寿命を縮める」という反論が出るだろうが、私にいわせれば、無謀な二刀流を続けるほうが大谷の選手寿命を縮める。いまは若いから無理が利くが、このツケは将来まわってくるだろう。

国鉄と巨人で36歳まで20年間投げ続けて400勝した金田は、先発完投を365回、20勝以上を14回もやった。

いまのプロ野球は先発・中継ぎ・抑えの分業制で、先発は5回まで投げれば勝利投手の権利がもらえる。2017年も完投はセ・リーグが菅野（巨人）の6試合、パ・リーグは則本昂大（楽天）の8試合が最高で、最多勝はセが菅野の17勝、パは菊池雄星（西武）と東浜巨（ソフトバンク）の16勝だった。

日本の宝・大谷にはピッチャーに専念し、「完投と20勝」に挑戦して第二の金田になってほしかった。2018年からは大リーグのマウンドに立つが、日本のように二足のわらじで通用するような甘い世界ではないことを覚悟するべきである。

故障続きの大谷はMLBで生き残れるか

大谷翔平が大リーグの夢舞台に立った。メディアはすぐにでも二刀流で大活躍するような騒ぎだが、私が心配するのは23歳の若さで故障が多いことだ。

日本ハム時代の大谷がケガで戦列を長期離脱したのは2017年春。4月8日のオリックス戦で1回、三塁ゴロを打って一塁に走ったとき、左太もも裏の肉離れを起こし、実戦復帰まで6週間はかかると診断された。

大谷は2016年の日本シリーズで、一塁を駆け抜けたときにベースを踏んだ右足首を捻挫した。その後、11月の侍ジャパン強化試合のメキシコ戦でまた右足首をひねり、2017年のWBC日本代表メンバーも辞退した。

それに続いて、こんどは左太もも裏の肉離れだ。相次ぐ両足のケガは偶然とはいい切れない。

ペナントレースでは、本業の投手復活のメドが立たないままDH（指名打者）で出場したが、この肉離れは完治しない右足首をかばいながら走ったための〝二次災害〟であることは明らかだ。

負傷離脱の責任はキャンプの失敗とトレーナーにある

それにしても前年まで〝二刀流〟で活躍していた大谷が、なぜ開幕から10日もたたずに足の肉離れを起こすのか。原因は、キャンプの練習に問題があったとしかいいようがない。

シーズンオフに治療に専念した大谷は、キャンプでは別メニューで調整して公式戦に臨んだ。栗山監督は「右足でベースを踏むこと」と「全力疾走」を禁じていたというが、試合に出す選手にこんな条件をつけること自体、間違っている。選手が試合に出たら、ベースを踏むときに歩幅が合わないことはあるし、思わず全力疾走するのは当然だ。

そして投打の柱である大谷にそんな状態で開幕を迎えさせた原因は、明らかにキャンプでの調整失敗であり、それはコーチ、トレーナーの責任だ。

ここで大事なことは、捻挫と骨折の違いである。骨折は骨が固まるまで絶対安静が必要だが、捻挫は一定の治療が終わったら、痛みがあっても足首をしっかりテーピングして走ることができるのだ。

巨人の〝神の手〟吉田先生

私も現役時代は頭から足まで3回骨折し、足首が裂けて骨が見えるほどの捻挫も経験した。当時、黄金時代の巨人には吉田増蔵という球団専属の接骨師がいて、長嶋茂雄も王貞治も吉田先生の〝神の手〟に何度も助けられた。

先生の荒療治は有名だったが、骨折は20日間、捻挫は1週間で治してくれた。

先生の治療は病院と違って独特なものだが、それなりの意味と根拠があった。

たとえばどんな骨折でも数分で完全に整復し、病院のように患部を石膏のギプスで固めることはしない。患者を一日おきに通院させ、独自に考案した添え木をそのつどはずしてマッサージで血流をよくし、独自に開発した薬を塗って帰す。20日ぐらい安静にしていると折れた骨が完全につながり、痛みも消えるので、「もう野球をしてもいいぞ」と戦列に復帰させるのだ。

捻挫はひねった患部の靭帯《じんたい》が衝撃でずれているので、指先でずれた靭帯を元に戻して5日間は絶対安静。この間、入浴も肉食も飲酒も禁じられる。

晩酌したら「お前、酒を飲んだな」と看破《かんぱ》されたが、1週間たつと「治ったから試合に出ろ」とゴーサインが出た。まだ痛みは消えなかったが「痛くても治ってる。俺がついているから大丈夫だ」と太鼓判を押され、患部を強くテーピングして試合に出続けたら痛みも消えた。

問題は、捻挫や骨折を瞬時に元通りに戻す技術があるかどうかだ。病院はレントゲンを撮り、ギプスで固めるだけだが、吉田先生の治療には漢方を究めた知識と超人的な技術、患者に寄り添う情愛があった。だから患者は、過酷ともいえる荒療治に耐えることができるのだ。

この〝神の手〟を見つけてきたのは終戦直後、1950年代の球団社長・品川主計《かずえ》さんだった。品川さんは「凄腕の接骨師がいる」と聞いて自ら東京・落合の接骨院を訪ね、待合室を埋めた患者と、吉田先生の愛情と気迫に満ちた治療を目撃して「巨人軍の専属になってほしい」とお願いした。

二刀流を封印して下半身を鍛え直せ

「半世紀も昔の話」とバカにしてはいけない。私がいいたいのは、いまの野球界に、当時のように選手のことを本気で考えた球団トップと、卓越した経験と技量を併せ持った医療スタッフがいるか、ということだ。

「選手のケガや病気は救急車と病院に任せればいい」という現在の合理主義でいいのか。

球団は、チームの財産である選手の体調管理にもっと責任と情熱を持つべきだと私は思う。

果たして日ハムにも、巨人の吉田先生のような自信と能力を持つトレーナーやトレーニングコーチがいるだろうか。大谷の足をかばうあまり、キャンプでのトレーニングが甘かったとしたら、トレーナーと担当コーチが責任を問われてもしかたがない。DHで打席に立つだけの大谷が、古傷をかばって開幕直後に肉離れを起こした事実が、選手管理とキャンプの失敗を証明している。

しかし大器・大谷がこのまま失速するのは球界の損失である。早く足のダブル故障を治して「日本の宝」として大成するには、目先の〝二刀流〟も封印して、しっかり下半身から鍛え直すべきだと思っていた。

その大谷は2017年6月27日、打者として4月8日以来の出場を果たしたが、シーズン後、ケガが完治しないままエンゼルスに移籍した。当然、下半身の回復とトレーニングは十分ではないはずだ。

しかも、エンゼルスは入団契約後、大谷が右ヒジの内側側副靭帯を損傷していたことを明らかにした。2016年10月に自分の体から採取した血小板を使って組織の修復や再生を図る「PRP注射」を受け、症状は軽いというが、プロ生活5年でこれだけ故障歴の多い投手が、厳しいローテーションと遠征環境に耐えられるのか。
私は二刀流より、大谷の故障再発のほうが気になっている。

経済効果目的の人寄せパンダになるな

左太もも裏の肉離れで長期離脱していた日本ハムの大谷翔平投手がマウンドに戻ってきたのは2017年7月12日だった。オリックス戦に今季初登板初先発し、2回途中4失点でKOされた。「ひっかけ」によるワンバウンドが多く、全29球のうち実に17球がボール球だった。

この大乱調は何を物語っているのか。

4月8日のオリックス戦で左太もも裏の肉離れを起こした大谷は、2か月半も戦列を離れた。一軍復帰後、6月27日のソフトバンク戦にやっと代打で出場したが、マウンドに上がったのは前半最終戦が初めてだった。最速158㎞/hのスピードは健在だったが、ストライクが入らない大乱調はベンチやファンに衝撃を与えた。

試合後、大谷は「相手どうこうより、自分の感覚。ある程度数をこなしていかないといけない」と反省したが、大谷はこの年、投手が1年分の肩を作るキャンプでまったく投げていなかった。

キャンプ後も二軍でリハビリと下半身の強化に専念し、6月23日にやっと一軍登録したが、初めは代打で〝足慣らし〟。一軍復帰の直前には二軍戦でちょこちょこっと実戦登板したようだが、投手としての投げ込みが十分できたとは思えない。

そんな調整不足の投手を日ハムはなぜ一軍のマウンドに送り出したのか。投げ込みと実戦経験がたりないなら二軍でじっくり鍛え直すべきで、一軍の公式戦でどれだけ投げられるかの小手調べをするのは、大谷の登板を楽しみに集まった観客に失礼だ。

すべては栗山監督の責任である。

〝大荒れ復帰登板〟で二刀流の限界悟れ

私はかねてから大谷の〝二刀流〟には反対してきた。理由はいくつかあるが、その一つは、高校を卒業して間もない投手が投打二刀流で活躍できるほど、プロ野球は甘くないと思うからだ。もし大谷の二刀流が今後も通用するようなら、プロ野球は情けない。

私たちは現役時代、投手も野手も、レギュラーの座をつかむために血のにじむような練習を続けた。そして一度つかんだレギュラーの座は絶対奪われないために、必死に研究・努力をしたものだ。大谷の天賦の才能と身体能力は十分認めているが、「プロはそんな甘いもんじゃない」という思いは揺るがない。

2つめの反対理由は、エースと主力打者の二刀流を続けることで、どちらの準備も練習も中途半端になるからだ。エースとしては、先発登板の間に体力の回復と調整、技術的な修正と投げ込み、ローテーションを維持するための走り込みなどが必要になる。

ところが、登板翌日からクリーンナップとして打席に立てば、打者としての準備と練習にも時間と神経を使い、その分だけ投手としての調整時間とエネルギーを割くことになる。もし二刀流を続ければ、体力のある若いうちはともかく、年を重ねると無理がたたって選手生命を縮めることは間違いない。

そして一番深刻なのは、投手としては何十年に一人の逸材が、無理な二刀流のせいで才能を十分発揮できないまま終わる可能性が高いことだ。

たとえば7月の復帰登板も、一軍再登録後、野手として代打に出るより、二軍で投手としての投げ込みや準備に専念していたら、あんなに無残な投球にはならなかったのではないか。オリックス戦の「29球KO」は、二刀流に提示されたレッドカードに思えてならない。

最後の問題は、大谷がこのシーズン後、熱望していた大リーグに入ったことだ。

私は、前半戦の最後にやっと初登板し、2回1死で満塁の走者を残して降板した故障持ちの大谷を、大金を積んで獲得するメジャー球団があるとしたら、お目当ては大谷についてくるたくさんのスポンサーと莫大なグッズ収入が期待できる「大谷ブランド」だろうと思っていた。

結局ほとんどの球団がポスティングシステムの入札を希望し、直接面接に残った7球団のなかから大谷がエンゼルスを選んだが、大谷フィーバーの本質が経済効果であることに変わりはない。

大谷よ、7月の「29球KO」で目を覚まし、二刀流を封印して投手として一から鍛え直せ。そうでなければ、メジャーの人寄せパンダにされてしまうぞ！

第3章

イチローは引退して指導者になれ

イチローの壮大な人体実験

大谷翔平はエンゼルスに入団したが、2018年2月末現在、イチローが大リーグで宙に浮いている。

44歳になったFAのイチローは、まだどこからもオファーがないまま新しいシーズンを迎えた。

FAといえば聞こえはいいが、所属のマーリンズは前年の11月3日、「来シーズンの契約オプションを更新しない」と発表した。

このニュースが伝えられたとき、日本では「イチローがジーターに切られた」と書いた新聞があった。イチローがヤンキース時代、遊撃手だったデレク・ジーターがマーリンズのCEO（最高経営責任者）になったからだが、冗談ではない。何事もビジネスライクで厳しいメジャーは、選手の契約で日本のような情緒的な人事をするほど甘い世界ではない。明らかにイチローを戦力外と評価したのだ。

２０１４年オフ、ヤンキースが当時41歳のイチローと契約せず、マーリンズが契約したとき、私は大リーグのイチローに対する評価が一つの限界を迎えたと感じた。案の定、Ｂクラスの地方球団でもイチローは「４人目の外野手」で、もっぱらベンチスタートだった。

あれから３年が過ぎた。２０１７年も１３６試合に出場したが打数１９６が示すように、ほとんどが代打と守備要員だ。打率・２５５を残したので、「イチローのエージェント（代理人）が監督の起用法にクレームをつけた」というニュースを読んだが、イチローの力が落ちてきたのは明らかだった。

人間は年齢とともに老化する。若いうちは生まれつきの潜在能力と自然治癒力で、健康と体力を高いレベルで維持しているが、体力は年をとると徐々に、あるいは急激に落ちてくる。そして病気になることで、「あんた、生活習慣が間違ってるよ」と病気が教えてくれるのだ。

イチローの場合は、若いころから摂生して人一倍練習したから、これまでメジャーで現役を続けることができた。これは立派なことだが、いままで高いレベルを維持してきた体力と技術も、さすがに降下し始めたはずである。

イチローが「50歳まで現役を続ける」と宣言したことは知られているが、私はなぜ、これほど実績のあるイチローが、何年間もベンチ生活に耐えているのかわからない。もしかしたらイチローは、自分の体力と技術がメジャーでいつまで通用するか、壮大な人体実験をしているのではないか。

そうであれば、すべての謎に説明がつく。

3000本安打のイチローをベンチに置くメジャーの現実

2016年8月、イチローが大リーグ通算3000本安打を達成した。オリックス時代の9年間で1278本打っているので、日米通算では4278本。日本の通算安打記録はトップの張本勲が3085本だから、イチローの記録はケタ外れである。

メジャー3000本は偉大な記録だ。しかし大リーグにはいろいろな国のいろいろな人種がいることを知っておく必要がある。白人、黒人、ヒスパニック、東洋人。日本ではイチローの大記録を「すごい、すごい」と騒いでいるが、米大リーグでの日本人選手の評価は中南米の選手より低いのが現実なのだ。

イチローの大記録をテーマにしたテレビ番組で、ゲスト出演した佐々木主浩《かづひろ》が「向こうはいろいろありますからね」とつぶやいたのを見て、やっぱりな、と思った。

佐々木は横浜ベイスターズ（当時）からマリナーズに移って新人王を獲得したクローザーだった。日米通算381セーブを記録した佐々木でさえ、大リーグは住みよい世界ではなかったのだろう。

アメリカ人の本音を代弁したピート・ローズ

イチローをマリナーズから獲得したヤンキースが2014年オフに放出したのも、イチローの評価を物語っている。

しかもマーリンズでは、イチローは4番目の外野手だった。2年目の2016年は打率3割台をキープしていながら、ほとんどがベンチスタートだった。

この年のマーリンズは主砲のスタントン（26歳＝当時、以下同）を中心にイエリッチ（24歳）、オズーナ（25歳）の若い3人が外野を固め、クリーンナップを打っている。そしてチームは、ナ・リーグ東地区でポストシーズンをかけて戦っていた。

イチローの大記録がカウントダウンに入ってからも、マッティングリー監督はいった。

「3000本安打のためだけに彼を出すようなことはしたくない。シーズンを通じて、チーム（の勝利）という観点から起用している。彼にはチームにとって理にかなった形でプレーしてもらう」

チームの置かれた状況として、監督の考えは正しい。しかし大勝ちの試合でも、終盤の無死二塁で代打を出さず投手にそのまま打たせるなど、イチローに冷たい采配があったのも事実である。

イチローが日米通算安打でピート・ローズのメジャー通算安打記録（4256安打）を抜いたとき、イチローは「日米合わせた記録だから、どうしてもケチがつくことはわかっている」と語った。案の定、ローズはいった。

「ＭＬＢだけの私（の記録）と日米通算では価値が違う」

「（私が）マイナー時代に打った安打数を入れてほしいよ」

ローズの発言は本音で、多くのアメリカ人の気持ちを代弁している。ローズもアメリカのファンも「まいった」と認めるのは、イチローがメジャーだけの安打数でローズを抜いたときだろう。

余生を家族サービスで送るＭＬＢのスーパースター

イチローは、引退後5年で米国野球殿堂入りが確実視されているスーパースターである。引退後については語っていないが、大リーグのスーパースターがたどる第二の人生を見ると、野球から離れて家族サービスに徹する人が多い。

イチローが３０００安打を達成した２０１６年８月、ヤンキースのスーパースター、アレックス・ロドリゲス（Ａロッド）内野手が引退を発表した。

Ａロッドは歴代4位の通算６９６本塁打を放った強打者で、ＦＡ移籍による選手の年俸高騰時代を開いたことで知られている。

彼はマリナーズ、レンジャーズを経て２００４年にヤンキースに移籍した。10年契約、年俸２７５０万ドル（約28億円）という途方もない高給取りだ。

引退後は球団特別アドバイザー兼インストラクターを務め、２０１８年2月、松井秀喜と同じ役職となるゼネラルマネジャー特別アドバイザーに就任した。

一般企業でも、社長が退任後に相談役や顧問になるのは、その功績に報いるだけでなく、1年遅れで徴収される高額の税金対策の意味が大きい。

Ａロッドの場合も、肩書は形式的なもので、実態は巨額の税金対策として球団がサービスしたのだろうと私は見ている。

メジャーのスーパースターがコーチや監督として汗を流すことが少ないのは、日本では考えられないほどの蓄財があるうえに、高額な野球年金が入るからだ。

報道によれば、メジャーリーグに10年以上在籍すれば62歳から最大で年額21万ドル

（約2300万円）の年金がもらえるという。またスーパースターでなくても、原則3年間メジャーに在籍すれば月額100万円以上の年金が支給されるという情報もある。

選手年金のない日本のプロ野球から見ればうらやましい制度だが、原資はコミッショナー事務局と球団の総収入の一部や、オールスター戦の収益の一部が充てられているからで、選手の積立負担はない。

こうした経済環境に恵まれたスーパースターたちが引退後に考えるのは、老後は家族サービスに努めることだ。

私が現役時代の1960年代、巨人と親交のあった名門・ドジャースは黄金時代で、左腕・コーファックスと右腕・ドライスデールという左右のエースがいた。

コーファックスは右打者のヒザ元に食い込むクロスファイヤーと、大きく割れ落ちるドロップ（縦に落ちるカーブ）が武器。ドライスデールは長身からピンポン玉のようにホップする快速球がすばらしかった。

ドジャースの人気を二分する2人のスーパースターは引退後、キャンプの臨時コーチやテレビ解説はしたが、マイナーやメジャーに常勤するコーチや監督はやらなかった。

たしかにイチローのいたマーリンズには、バリー・ボンズという打撃コーチがいる。歴代1位の762本塁打、シーズン73本塁打など数々の記録を残したスーパースターだが、これは例外といっていい。

そのボンズが「文句のつけようがない」と絶賛するイチローは引退後、どうするのか。

マイナーリーグでコーチ経験をしてから日本の監督になれ

イチローの偉大さは、日本人選手の評価が低い世界でコツコツとヒットを重ねてきたことだ。日米通算27年目で45歳を迎えるイチローがいつまで現役を続けるかわからないが、引退したら日本に帰ってきて指導者になってほしい。

野球選手には、現役を引退してももう一つの道がある。現役時代に身につけた技術と経験を、後輩たちに伝える指導者の道である。

私は、体がある程度動く間はコーチをやるべきだと思っている。そして、体が動かなくなったら監督をやればいい。

イチローは将来日本に帰る気はなさそうだから、いつまでも現役にこだわらず、限界を悟ってマイナーリーグの指導者になればベストの二重丸。選手たちはメジャーで偉大な実績を残したイチローから一生懸命学ぼうとするはずだ。

コーチが選手に教えるとき、自分が現役時代には簡単にできたことを、選手がなかなかできないことがある。そんなとき、「なぜ選手が理解できないのか。どう説明したらわかるのだろう」と悩み、いろいろ考えることが多い。

つまり人に教えるということは、コーチも選手もお互いに勉強するということだ。野球の勉強は現役のときだけでなく、引退してからもできるのだ。

そしてマイナーのコーチ、監督としての実績を積んでからメジャーに監督として戻ってくればアメリカのファンも喜ぶ。

イチローのもう一つの選択肢は、エサを待つ鯉のように口をあけて待っている日本の球界に帰ることだ。

日本で用意されているのは、イチローの人気と経済効果を当て込んだ監督のイスである。

しかし、このエサには食いつかないほうがいい。

もし戻ってくるなら、まずコーチとして、未熟な若者たちにこれまでメジャーで培ったプロとしての経験と、数々の記録で証明した野球の神髄を伝えてやってほしい。

しかし孤高の天才が祖国に帰ってくるかどうかは、誰にもわからないだろう。

天才イチローを解剖する

私がイチローのバッティングを目の当たりにしたのは1994年、仰木彬監督から頼まれてオリックス・ブルーウェーブのキャンプで臨時コーチを務めたときだった。ある日、昼食時の食堂で見たイチローは一人で鍋をつついていた。ほかの選手は数人ずつのグループで固まり、帽子を脱いで食事をしているのに、一人だけ帽子を後ろ向きにかぶったまま食べているイチローを見て「変わった男だな」と思った。

ところが、この「変わった男」の打撃練習を間近で見て驚いた。フリーバッティングだから全部右に引っ張っていたが、キーン、キーンと鋭いライナーを連発し、角度のいい打球は何度もスタンドに飛び込んだ。

イチローは入団3年目で、レギュラーになった年だった。私はしなやかなフォームで打つイチローを見て「日本人離れした打球を飛ばすなあ」と感心したのを覚えている。

プロ野球のフリーバッティングは3、4番の主軸から打ち始める。私が巨人の新人時代は4番の川上哲治さんが試合前でも気がすむまで打ち続けたので、最後に打つ私に残された時間は数分しかなかった。

のちに王、長嶋が最初に打つ時代になると、右打ちの長嶋が投手に向かって左側、左打ちの王は右側のケージで打った。スタンドのファンにはたまらないONのそろい踏みだ。

フリーバッティングは中学生からプロ野球まで共通の基本練習で、投手は打ちやすい直球を投げるのが常識だが、プロでも打ち損じることは少なくない。

ところがONクラスはほとんどのボールをバットの芯でとらえ、フライはほとんどフェンスを越えた。つまりフリー打撃でも3割打者は打ち損じが少なく、2割打者との力の差がはっきりしている。

私が見たイチローも、超一流のフリーバッティングだった。あれから24年。海を渡った「変わった男」は、日本球界が80年にわたって背中を追い続けている大リーグで数々の記録を打ち立てた。

歴代強打者にはいない、異色の天才

イチローの新人シーズン242安打、シーズン262安打、10年連続200安打以上、5年連続両リーグ最多安打はそれぞれ米大リーグの歴代1位。

またシーズン200安打以上10回と両リーグ最多安打7回は歴代1位タイ。

そして2016年8月の通算3000安打は、到達時点の8月7日現在、大リーグの29位タイである。

ちなみにイチローの大リーグ安打記録3080（2017年10月現在）も、メジャートップの安打製造機、ピート・ローズの4256安打には遠く及ばない。「50歳まで現役を続ける」と繰り返すイチローにとっては、3000安打も通過点に過ぎなかった。

しかし、イチローは日本球界でも驚異的な記録を残している日本人だ。2017年末時点での日米通算4358安打は、安打製造機・張本勲の3085安打をはるかに超えている。

いうまでもなく、アメリカに次ぐ野球大国・日本のプロ野球にもファンを熱狂させた強打者がたくさんいた。

私にとって忘れられない先輩だった赤バットの打撃王・川上哲治さんや、日本人離れしたアーチを連発した青バットのホームラン王・大下弘さん。ミスター・タイガースの藤村富美男さん。慶應義塾大学OBで阪神の看板スターだった別当薫さん。体は小柄だったが巨人のホームラン王で、私にバッティングの極意を教えてくれた青田昇さん……。

彼らは私も現役時代に球場で戦い、戦前戦後のプロ野球を支えてきた故人だが、その後の近代プロ野球を牽引した王、長嶋を頂点とする強打者は、改めて紹介する必要はないだろう。

これらの球史に残る強打者と比べると、やはりイチローは異色の天才というほかない。

　イチローは、私も見たことがないタイプの強打者だった。

広角安打量産の秘訣は左足

　私は、バッティングの基本は「ボールを怖がらないこと。逃げないこと。向かっていくこと」だと思っている。

　イチローのいいところは逃げないことだ。どんなボールにも向かっていく。これは常に、気持ちが積極的ということだ。

　イチローは、打率よりヒットの数にこだわる。その理由を、こういっている。

「僕の場合は、ヒットの数にどうしても目がいく。なぜかというと、ヒットは打てば減らない。でも打率は打たないと減る。打率に目を向けると、打席から逃げたくなることが必ず出てくる。打席に立ちたくないという自分が出てくる。でも『ヒットを打ちたい』と思っていれば、打席に立ちたいと思う。バッターである以上、バッターボックスに入るのが怖いとか嫌だっていう気持ちが生まれてしまうと、野球そのものが面白くなくなる」

（NHK BS1「イチロー 3000本の軌跡」より）

イチローの個性的なバッティングは、すでにさまざまな角度から分析されている。本人にしてみれば「ほっといてくれ」とうんざりしているだろうが、私が一番注目するのは、「左足の使い方」である。

新聞によく、ホームランを打った打者の分解写真が載るが、誰の場合もホームランのフォームが美しく、完璧なのは当然である。なぜなら、ベストのタイミングでボールをとらえ、頭から足まで体の軸が動かない。バットは構えたトップから脇を締めてボールに向かって最短距離で振り抜かないと、ホームランにはならないからだ。

私はそんな理想的な瞬間より、イチローが150km／h超の外角速球や、激しく落ちるメジャーの変化球に食らいついて、やっとレフト前に運んだときの打ち方に興味を覚える。

普通の左打者なら外角球をレフト方向に打ち返すとき、ほとんどの場合、後ろ（捕手側）の肩をベース側に出してバットをボールに当てようとする。これは無意識の習性で、こうしなければ外角球や落ちる球をとらえることができないからだ。

ところが左打ちのイチローは、外角の速球や低めに落ちる球を打つとき、瞬間的に左足を右足の後ろ（背中側）に引いて打ちに行く。もっと詳しく見ると、球をミートするとき、左ヒザを右足のヒザに引き寄せている。

このため左肩が出るのが止まり、結果として右肩も開くことなくバットをボールに当てることができるのだ。

イチローがメジャーでも記録的なヒットを量産できるのは、一言でいえば右肩を極限まで開かないからであり、それを可能にしているのは独特な左足の使い方だと思う。

普通の打者がこんな打ち方をすれば、打ち遅れて打球を前に飛ばすことなどできないが、イチローがこれをできるのは、天性の体の柔らかさとバットコントロール技術を持っているからだ。意識したり、まねてできる技ではない。

私はイチローの３０００安打をすべてテレビ映像で見た。スロー映像で再生すると、すべての打席で左足を後ろに引いているわけではない。それでも普通のスピードで見ると、左足を後ろ（背後）に引いているように見えることが多いのは、左足（スパイク部分）の返しがほかの選手より遅く、ミートの瞬間左ヒザを右足に寄せ、右肩がほとんど開いていないからだ。

この独特の打ち方が、左右広角の3000本安打を生んだ秘訣だと私は思う。

たとえばシーズン242安打のメジャー記録を作ったメジャー1年目、イチローのコース別打率を見ると、外角低めが・357、内角低めも・351だった。

ところが、4人目の外野手で代打が多かったマーリンズでの2015年は、打率が大リーグに移ってから最低の・229に落ちた。当然、コース別打率も内角低めが・167、外角低めが・229だった。

マイアミ2年目の2016年は8月に打率を・317まで戻した。とくに目立ったのは、オールスター戦前までの「内角低め・533、外角低め・375」という打率である。イチローが毎年200安打以上を続けていた全盛時代、得意としていたのがこの外角低めだった。

イチローは復活の兆しを見せていたが、「4人目の外野手」のポジションは最後まで変わらなかった。

偉業を支える不断の準備

イチローのもう一つの特徴は、ネクストバッターズサークルでの素振りではバットをアッパーに振り上げているが、実際に打つときは必ずレベルスイングになっていることだ。

そして打席に入って構えたら、ボールが来たときにバットを引かないのがいい。一度テークバックでトップの形を作っても、ボールが来たらバックスイングしてタイミングを作ったり、反動をつける選手が多いが、イチローはそれをしない。グリップを左耳の高さに上げ、バットを斜めに構えたら、そのままの形でインサイドにサッと振り出すので、最短距離でボールをとらえることができるのだ。テークバックでトップの形を作り、ボールが来てからバックスイングしたのでは、メジャーの速くて重い球に間に合わないことを知っているからだろう。

バットがボールをとらえたとき、右足はバッターボックスのホームベース側ラインにつくほど踏み込み、右肩（上半身）を開かないまま振りきっている。コマ送り映像で見ると、ミートから振りきるまでは一見、窮屈そうだが、彼の場合はこの部分が実に柔らかい。

ミートから振りきるまでの上半身の起き上がりと右肩の開きも、ほかの選手よりはるかに遅い。これがボールを極限まで引きつけて打てる秘訣だが、それでもメジャーの速くて重い球を打ち返すことができるのは、鍛え上げた体幹の強さと天性の柔軟さ、自宅から打席直前まで繰り返される準備（ストレッチ）のたまものといえる。

この、耳に近い高さのトップから余分な動きをせずにサッとバットを振り出す打ち方は王の一本足打法と同じで、一流打者の証である。

自宅筋トレで「強い筋肉よりしなやかな体作り」

イチローが3000本安打を達成したとき、別のテレビ番組では、イチロー特集で自宅のトレーニングルームを紹介していた。大きな部屋に並んでいるさまざまな機材は日本から取り寄せたものだという。メジャーで44歳になってもなお第一線でプレーできるのは、鍛え上げた丈夫な体があるからだが、太ももを左右に開くマシンにまたがったイチローはいった。

「これは股関節を広げるマシンです。体が丈夫ということは、イコール『強さ』とか『大きさ』と考える人が多いと思いますが、僕はまったく逆。『丈夫』＝『柔らかさ』と思っている。あと、バランスね。そう考えると、日々の体の鍛え方は逆に変わる。それによって、いまの僕という選手がある」

私も、日本の選手が筋肉トレーニングで肉体改造に取り組む傾向に警鐘を鳴らしてきた。イチローの話を聞いて思い出すのは、巨人の澤村拓一、広島の中﨑翔太、中日の福谷浩司ら、レスラーのような太い首と分厚い胸を誇る投手たちだ。いずれも全力投球のクローザーやリリーフ投手だが、共通するのは、投げ方に好投手の条件である

〝しなり〟がないことである。

典型的なのは澤村で、150㎞／hを超える速球も勝負球のフォークボールもコントロールが不安定で、バックネットに投げつけたすっぽ抜けがテレビの珍プレーになった。

投手の厚い胸は投球の邪魔になり、肉食と筋トレで改造した体はスタミナと投手生命を縮める。

打者も打球を遠くに飛ばすのは上半身の力ではなく、厚すぎる胸板はスムーズなスイングの邪魔になる。

マシンによるトレーニングも結構だが、選手に必要なのはランニングによる下半身の強化と野球の練習であり、筋トレは補助的な手段であるべきだ。

日本の選手たちは、「体を鍛えるのは力をつけるためではなく、しなやかな体を作るため」というイチローの言葉をかみしめるがいい。

広島・黒田博樹は「第二の黒田」を育てよ

広島東洋カープの黒田博樹が引退を表明したのは2016年10月だった。日米で20年間投げ続けた41歳の決断である。

野球に限らず、スポーツマンの引退ほど難しいものはない。横綱・千代の富士は「体力の限界。気力もなくなり……」と語って涙を流した。生涯で868本のホームランを打った王貞治は「王貞治としてのバッティングができなくなった」といって40歳でバットを置いた。

これまでは打てていた中日の投手の球が「ものすごく速く見えた」ので限界を悟ったという。

黒田は引退発表の記者会見で「いつごろから引退を意識したか」と聞かれて、「2、3年前から毎年、そういう気持ちでシーズンを迎えていた。本当に考え出したのは今年の9月過ぎから。優勝が決まってから本格的に自分で考え出した」と語った。

しかし私が注目したのは、会見後に語った次の言葉である。

「いままで先発して完投してというスタイルでやってきて、9回を投げられない体になったというところで、やっぱりほかの選手に対しての示しというか、そういうのを見せられない歯がゆさというのは非常にあったので」

黒田は、特別速い球を投げる投手ではない。140km／h台の直球とスライダー、スプリット、ツーシーム、カットボールなど、多彩な変化球をコーナーと低めに投げ分けて先発投手としての役目を果たしてきた。

ヤンキース時代、立ち上がりに失点しても諦めず、粘りのピッチングでエースの座を守ったのは、常に完投をめざして投げたからだろう。

「完投できない体」で引き際を決断

日米で203勝した足跡を見ても、渡米前の広島時代は11年間で完投74。ドジャースとヤンキースの7年間は完投が6と少ないのは、大リーグが先発・中継ぎ・抑えの完全分業制のためだ。それでも5度の2ケタ勝利を飾った安定感は、黒田がアメリカでも常に完投するつもりでマウンドに登った証である。

しかし、古巣・広島に戻ったこの2年間に完投が2回しかないのは、黒田が告白したように「9回を投げられない体になった」からだ。

いまの野球は、先発は5回投げればあとは中継ぎと抑えでなんとかなるということになっている。これはアメリカのまねをしているだけだ。

メジャーリーグは平等を大原則とする多民族社会である。エージェントの力も強いので、どうしたら選手が長続きできるかを考えている。「先発投手は100球投げて4日休むと、1シーズン順調に投げ続けることができる」という100球理論があって、5人の先発投手を中4日で回すローテーションが確立されている。

しかしこの100球理論の背後には、「契約投手に無理をさせず、できるだけ長く現役を続けさせたい」というエージェントの思惑もある。だから調子のいい投手を100球以上投げさせたり、完投させる監督は、エージェントがクレームをつけてクビにさせることもある。

このように、メジャーのやることにはすべて理由と根拠がある。ところが日本は100球理論だけを猿まねしてローテーションもあいまいだから、先発投手が1週間も10日も間隔を空けて登板したりする。

メジャーでのエース経験を後輩たちに伝えてほしい

だから黒田のように、「先発したら完投するのが投手の使命。その完投ができなくなったのでやめる」といって惜しまれて去るのは立派なことだ。私は「いまどき珍しい。こんな男がいるんだ！」と感心した。

引退会見のあと、黒田はホッとした表情で「引き際を決めるのは大変だ。引き際を間違えないように一生懸命やってきた。よくできたと思う」と語ったが、その通りだと思う。

私が20代のころから師事してきた人生哲学者の中村天風さんは、「人は誰でも、この世の進化と向上のために生まれてきたのだ。どんな社会や境遇の人でも、生まれてくる価値のない人間などいない」といっている。

黒田もこれからは指導者として、メジャーでのエースとしての経験を後輩たちに伝えてほしい。そして「第二の黒田」を育てられれば、人間としても野球人としても本物だ。黒田には、野球界の進化と向上のために尽くす第二の人生があり、その義務がある。

田中将大とダルビッシュ有はメジャーで完全復活できるのか

2017年6月23日（日本時間24日）、ニューヨーク・ヤンキー・スタジアムで行われた田中将大（ヤンキース）とダルビッシュ有（レンジャーズ）の投げ合いは見応えがあった。

田中とダルビッシュのメジャー初対決での成績は、田中が8回を3安打無失点9奪三振、ダルビッシュも7回を2安打無失点10奪三振、無四球。

試合は延長10回にヤンキースがサヨナラ勝ちし、どちらにも勝敗はつかなかった。しかし、2人が今季最高の投球ができたのは、日本球界を代表するエース対決で、これまでにない気合いが入っていたからだ。

この歴史的な対決は、「人間は気の持ち方しだいで変わることができる」という真理を証明している。

例によってスポーツマスコミは2人の対決に大騒ぎしたが、私は喜ぶ気になれなかった。田中はここまで、プロ入り後自己ワーストの6連敗中だったからだ。

楽天からヤンキースに移って4年目の田中は、前年まで毎年2ケタ勝利の計39勝（16敗）を挙げ、いまや名門ヤンキースのエースになった。ところがこの年は調子が上がらず、5月14日（日本時間15日）から連敗を続けてこの日を迎えた。

投手の勝敗は味方打線との兼ね合いにもよるが、ダルビッシュと対決する前日までの田中の成績は5勝7敗、防御率6・34と、不調の深刻さを物語っていた。

田中の自己ワースト6連敗は軟骨除去手術の影響か

日本人エースの不可解な連敗に現地メディアは炎上したが、私はやはり、手術の影響を疑わないわけにはいかない。

田中は渡米2年目のシーズンが終わった2015年10月、右ヒジの遊離軟骨除去手術（関節鏡視下手術）を受けた。いわゆる「ネズミ」と呼ばれる軟骨炎で、楽天時代から抱える持病である。田中は前年の2014年7月に発覚した、右ヒジ靭帯の部分断裂という古傷も持っている。

当時、球団が「これはお決まりの手術だ」と楽観していた通り、手術後の2016年は14勝4敗の好成績を残し、2017年も開幕投手を務めた。

しかし「ウォール・ストリート・ジャーナル」は遊離軟骨除去手術当時、気になる記事を載せていた。それによると、マウント・サイナイ・アイカーン医科大学の専門医、マイケル・ハウスマン医師は骨棘《こつきょく》（遊離軟骨＝ネズミ）が前年にわかった右ヒジ靭帯部分断裂によって発生した可能性を指摘していた。

ハウスマン医師は「靭帯が弛緩《しかん》すれば、ヒジ（の関節）が少しグラグラしやすくなる。それが骨棘を生みやすい要因となる」と語り、田中に厳しい未来が待ち受けるかもしれないと警鐘を鳴らしていた。

また「ニューヨーク・タイムズ」によると、遊離軟骨の除去手術当時、ヤンキースのブライアン・キャッシュマンGMは前年に判明した右ヒジ靭帯の部分断裂について「回復はしていなくても、以前と同じ状態だ」と語り、悪化していないことを強調していたという。

しかしその後の報道を見ると、米国のメディアが「ヤンキースはエース田中の右ヒジを不安視している」と見ているのは事実のようだ。

私は著書や連載で、「選手が手術を受けるのは反対だ」と繰り返し警告してきた。その理由は、一言でいえば手術を受けた投手が以前のような球威を取り戻して完全復活した例がほとんどないからだ。

だから、ヒジや肩を痛めた選手が安易に手術を受けるのはやめたほうがいい。それより、手術以外で治せる医師や方法を、球団も選手も真剣に探すべきだ。

完全復活は今後の投球しだい

私が西武の監督時代、森繁和という投手がいた。現在の中日の監督だ。

私が監督に就任した1982年は森を先発で開幕投手に起用したが、その後パッとしなかったのでリリーフに転向させ、この年の西武初優勝に貢献した。

しかし右ヒジにネズミが出たので、旧知の長野県諏訪市の住職兼整体師・丸茂真先生（故人）に診てもらったらすぐに治った。

先生の治療は、患部の周りを丁寧に揉みほぐしながら、遊離していた軟骨の骨片を元の関節に戻すもので、治療後、森は「もう全然痛くありません」といって投球を再開した。

〝神の手〟の揉み療治でネズミを退治した森は、翌1983年に当時日本記録の34セーブを挙げて最優秀救援投手賞を受賞した。

ところが、私が西武を退団した翌年の1986年に肩の手術を受けると、復活できないまま2年後の1988年に引退した。

こうした身近な体験も、私の「手術反対論」を裏づけている。だからヤンキー・スタジアムで手術経験者同士が好投しても、私は日本のメディアのように、この試合の結果だけでぬか喜びする気にはなれないのだ。

結局田中は13勝12敗、防御率4・74、2015年にトミー・ジョン手術を受けたダルビッシュは10勝12敗、防御率3・86で2017年のシーズンを終えた。

ダルビッシュはその後、ドジャースを経て2018年2月にFAでカブスに移った。

2人がニューヨークのエース対決で「完全復活」できたかどうかは、もっと長い目で見ないとわからない。

私が松坂大輔らの手術に反対する理由

２０１４年のオフに大リーグから帰国したソフトバンクの松坂大輔投手は、３年間一軍での勝ち星がないまま戦力外退団となった。

３年目の２０１７年は4月15日のオリックス戦に帰国後初の先発登板が予定されていたが、ファームで調整中の12日に右肩痛が発生して一軍昇格を見送られた。２０１６年に1度だけ一軍のマウンドに登ったが、未勝利のままソフトバンクを去り、２０１８年、中日にテスト入団した。

松坂はメジャー2年目の２００８年に右肩を痛め、２０１１年には右ヒジの靭帯断裂でトミー・ジョン手術を受けた。股関節や肩の故障にも泣かされ、帰国後も２０１５年に右肩の手術を受けている。

２０１５年オフに5年ぶりにソフトバンクに復帰した左腕・和田毅も、２０１６年に15勝で最多勝のタイトルを獲ったものの、翌年は2勝のあと5月22日に「肘頭《ちゅうとう》骨棘切除術」を受けて戦列を離れた。

8月末に復帰したが、シーズン登板は計8試合。負けなしの4勝を挙げ、ソフトバンク2年ぶりの優勝に貢献したが、大リーグ時代にヒジのトミー・ジョン手術を受けている。帰国後の骨棘手術も、古傷と無縁ではないだろう。


松坂は年俸4億円（推定）だから、3年契約で総額12億円。和田も3年契約で総額12億円（推定）＋出来高払いだという。私は阪神の藤川球児も含めて、アメリカで実績を挙げられなかったうえにトミー・ジョン手術を受けてきた選手を高額の複数年契約で迎える日本の球団を批判してきた。

このような選手は「原則1年契約で年俸も一軍の最低保障額（1430万円）とし、そのかわり頑張って実績を残したらいくらでもボーナスをはずむという出来高契約にすべきだ」と主張してきた。

「百歩譲って年俸3億円の高額で契約するときも、「登板試合数と投球回数は◯◯以上で△勝以上」などと最低条件をつけ、これを下回った場合は年俸を大幅減額するなど細かい条件つきの契約にするべきだ。

そうでなければ松坂のケースのように、球団は12億円をドブに捨てることになる。親会社のソフトバンクがいくら金持ち企業でも、プロ野球経営のありかたとして間違っている。

手術しても完全復活はできない

ドジャースのチームドクターだったフランク・ジョーブ博士が、1974年にトミー・ジョン手術を開発してから40年余りがたった。

情報によると、ヒジの靭帯を再建するトミー・ジョン手術を受けた選手はアメリカで約1000人、日本のプロ野球でも約70人いるという。

近年の大リーグでは、レンジャーズ在籍時のダルビッシュ有投手とレッドソックス在籍時の田澤純一投手もこの手術を受けている。

2015年3月に手術を受けたダルビッシュは150km／h台の速球を取り戻した

が、２０１７年は速球で空振りさせることが少なく、調子に波があってこの年は10勝12敗に終わっている。

私が若いころから師事してきた思想家・中村天風さんの実践哲学によると、人間は若いうちは「自然治癒力」があるので、体に異常が出ても自分で治すことができる。何を食べようと、何をしようと病気にならないのはこのためだ。

ところが50～60代になると、「足が痛い、腰が痛い。おかしいな」となる。それは、「あなたは間違った生活をしていますよ」と体が教えてくれているのだ。

投手も同じで、長い間、全力投球を続けると、背骨がねじれて曲がってくる。

背骨は正式には「脊柱《せきちゅう》」という。脊柱は１本の骨ではなく、30個程度の骨で構成されている。首の部分は頸椎《けいつい》といい、胸の部分は胸椎、腰の部分は腰椎だ。

若いうちはこれらの骨が投球でねじれても自然に戻るが、年をとると、ねじれの戻りが悪くなり、ねじれたまま投げ続けるから、このひずみが肩やヒジに悪い影響を与えて痛みが出てくる。そして最悪の場合、靭帯断裂になる。

ヒジや肩の痛みは「ヒジが悪いよ」「肩が悪くなっているよ」と教えてくれる赤信号なのだ。その根本原因であることが多い背骨を矯正すればいいのだが、正しく治せる人がいない。

最近はアメリカで手術を受ける選手が多いが、それで故障は治っているのか。治っていないではないか。私も投手が手術を受けて、術前のように投げられるようになるのなら手術に賛成するが、完全復活は難しいのが現実だ。

和田もダルビッシュもいつまで投げられるか、しばらく経過を見ないと完全復活とはいえないと私は思う。

ヒジや肩を痛めた選手が、「手術を受けてでも野球を続けたい」と思う気持ちはよくわかる。術後の選手が、復活を夢見て苦しいリハビリに耐える姿はファンに感動を与える。

しかし私は、これまでの現役・監督経験から、30歳前後の投手が肩やヒジを手術するのには反対だ。靭帯断裂で手術しなければ投げられないなら、もう引退したほうがいい。

ジョーブ博士も、「手術をすればもう一度投げられるようになるが、いままで通りの速球投手には戻れない」と断言している。

その後、医療技術も進歩しているだろうが、ジョーブ博士の見立てが正しいことは治療実績を見ればわかる。


だから投手は手術の苦痛に耐え、2年近いリハビリの苦労をしてまでマウンドにしがみつくより、指導者になって自分の実績と貴重な体験を後輩たちに伝えるほうが、野球界により貢献できる。

このとき大事なことは、なぜ自分がヒジや肩を痛めたか、投手としての生活や練習に問題がなかったかを究め、後輩たちの故障防止や回復指導に生かすことだ。

人間も年をとって病気になったら、それまでの生活習慣を反省して改善すれば、残りの人生を楽しく有意義に送ることができる。人の生き方も野球も同じだと、つくづく思う。

第4章

清宮は一本足打法の神髄を学べ

清宮はプロの前に大学に行くべきだった

日本ハムに入団した清宮幸太郎は早稲田実業時代、１１１本のホームランを打った。これは高校通算本塁打の最多記録だが、私はこの数字にはなんの興味もない。

そもそも高校野球の金属バットはどこに当たっても飛んでいくし、体が大きくて力が強ければホームランになる。問題はプロ野球の木製バットでどれだけ打てるかだ。

清宮の試合をよく見る人からは「左投手が打てない」という声を聞く。たしかにテレビでも、サウスポーにキリキリ舞いする試合があった。これは脇が甘く、バットが遠回りするドアスイングの傾向を示している。

これでは、当たれば飛ぶ金属バットはともかく、しっかり芯でとらえなければヒットにならない木製バットでは難しい。

清宮はドラフト会議の前、プロ入りか大学進学かでメディアを騒がせたが、私はいまでも大学に行くべきだったと思っている。早実は早稲田大学の系属校だから、無試験で内部進学できる早大に進み、太りすぎの体を絞って下半身を鍛え、バッティングの基本をしっかり身につけてからプロに行っても遅くないと思ったからだ。

金属バットのホームランは信用できない

これまでにも、「超高校級」「即戦力」「将来の主砲」と期待されて入団したドラフト1位が伸び悩み、いつのまにか消えていった例は少なくない。

私が清宮に大学進学を勧めるのは、技術的な理由からだけではない。私はいま86歳だが、70代までは毎週数回、東京・東伏見の早大安部球場に通って、後輩たちを指導していた。後輩でもある歴代の監督を補佐する、ボランティアのOBコーチだ。

早大野球部は創立以来の伝統である文武両道に厳しい。部員たちは朝から授業を受け、終わってからグラウンドに出る時間別練習なので、一軍選手が集まって全体練習を行うのは土曜日と日曜日だけだ。

球場には部員がそれぞれの授業時間に合わせて出たり入ったりするので、監督は午前8時から一日中、グラウンドに立っている。それでも150人ほどいる部員のうち、神宮球場のリーグ戦のベンチには25人しか入れない。

だから私は、後輩の部員たちによくいった。

「レギュラーになれない部員も、卒業したら社会人野球に進んだり、高校の教師になって野球部の監督になるだろう。とくに高校の指導者になる者は、生徒たちに正しい野球を教えられるよう、在学中にしっかり基本を勉強し、早稲田の野球を身につけろ。そうでなければ、このグラウンドで4年間苦労する意味がないだろう」

私が大学進学を勧めた理由

では、大学で学ぶ野球の神髄とは何か。早大野球部には、初代監督の飛田穂洲《とびたすいしゅう》さんが遺した『建部精神』というものがある。

それによると、「選手は質実剛健で、学生らしくあれ」とある。

「野球部の技術的優勢よりさらに望ましいことは、野球部気質に生き抜いてくれること。早稲田大学選手として恥ずかしくない行動をとる選手によって伝統精神が護られていくことである。選手（レギュラー）の選定も、技術より野球部精神を体得しているかどうかを第一としなければいけない。小手先の器用さがユニホーム（レギュラーの座）を勝ち得る早道と考える者があれば、必ず落後しなければならない」

この『建部精神』は、「練習のために十二分の努力さえすれば、もし試合に負けても悲観することはない。試合に負けて悔し涙を流すのは男の恥だ」と繰り返した安部磯雄・初代野球部長の教えにそって書かれている。

清宮も4年間、大学でこんな野球生活を体験していれば、プロに入ってからも、引退後に指導者になってからも、きっと役に立ったはずだ。

たしかに清宮は184㎝、102kgの体に恵まれ、史上最多の高校通算111本塁打を記録した。しかし太りすぎで、一塁の守備もうまくない。

長打力は魅力だが、ホームランは金属バットでの記録だったことを割り引けば、これから木のバットでプロの投手に打ち勝つのは大変だろう。

日本ハムは国内FAで移籍の可能性があった一塁・中田翔の後継者として清宮を指

名したのだろうが、中田が残留したいま、清宮の出番はない。第一、実績のある中田といまの清宮では競争にならない。

私は連載でも、清宮には大学進学を勧めてきた。長打力は天性であり、将来のプロ入りには反対しないが、せっかく早稲田大学の系属校にいて大学進学ができるのだから、4年間みっちり野球の基礎を練習してからプロに行ったらいいと思ったのだ。

たしかに、野球の練習ならプロのほうができる。しかし、一日中野球漬けで結果だけを追い求めるプロ生活と違って、授業で学び、一般学生との交流ができる学生生活には、プロの世界では味わえないメリットがある。

一方、名声と大金が得られるプロ野球は人生の縮図である。10年か、長くて20年の現役時代に、一般社会の長い人生で起こるさまざまな体験をする。

勝者がいて敗者がいる。天国があり、地獄がある。複雑な人間関係があり、ねたみや憎悪が渦巻いている。そういう勝負の世界で生き抜くためにも、大学で野球以外の常識と人間力を身につけたほうがいい。

そして将来、現役を終えて指導者になったときも、大学生活で学んだことはきっと役に立つはずだ。

球界では「プロに行くなら大学の4年間がもったいない」という意見が多いが、そんなことはない。「大学で力が落ちてからより、評価の高い高卒で入団したほうがいい」という見方もあるが、大学の4年間で力と評価が落ちるような選手なら、高卒でプロ入りしてもすぐ消えていくだろう。

一本足打法の神髄を学べ

それでも清宮は、早大系属校の恵まれた条件を蹴って日本ハムに入った。目標は「世界のホームラン王」王貞治を超え、「三冠王」になることだという。

夢が大きいのは結構だが、めざす大先輩・王が868本にたどり着くまでに歩んだ険しい道を忘れてはならない。

王が早実を卒業して巨人に入ったとき、私は巨人のショートだった。春の選抜高校野球で優勝した実績を持つ王は内心、投手を続けたかったが、プロで通用する力はなかった。

当時の水原茂監督の決断で打者に転向したが、初めはトスバッティングも満足にできなかった。バッティングで一番大事な重心のとり方が下手だったからだ。投球に合わせて重心が右に行ったり左に行ったりする。つまり、体の軸が定まらないのだ。

困った荒川博コーチは、当時私と2人で指導を受けていた心身統一合氣道の創始者・藤平光一《とうへいこういち》さんに相談すると、野球は素人の藤平さんが即座に解決策を見つけてくれた。

「臍下《せいか》（へその下）の一点に心をしずめて立てば二本足も一本足も同じだ。二本足でうまくいかないなら一本足にしたらいいじゃないか」

つまり、重心を常に臍下の一点に定めるために、王は一本足打法に変えたのだ。

王は藤平さんの道場に通って、「臍下の一点に心をしずめて統一し、体のすべての部分の重みを、その最下部において氣を出す」という心身統一合氣道の大原則を学び、毎夜、荒川コーチの自宅で一本足の素振りを続けた。

そして王が一本足でホームラン38本を放って爆発したのは1962年、入団4年目、22歳のときだった。

藤平さんの一言から生まれた王の一本足打法は、王と荒川コーチの壮絶な特訓で完成し、868本の世界記録を達成した。

いうまでもなく、下町の野球少年を早実に入れたのは早実OBの荒川さんだ。清宮は偉大な先輩の世界記録を夢見るだけでなく、一本足打法の歴史と神髄を学ぶことを忘れてはならない。

清宮は大成するか

2017年のドラフト会議で日本ハムが早実の清宮幸太郎の入団交渉権を獲得したとき、清宮は「王さんの記録（868本塁打）を超えたい」と夢を語った。年が明けてファンとの交流会で目標を聞かれると「三冠王」と答えている。

若い選手が大きな目標と夢を語るのはいいが、プロの世界は甘いものではない。くじで引き当てたとはいえ、そもそも日本ハムがなぜ7球団競合の清宮をドラフト1位で指名したのか。日本ハムといえば、たしかドラフト前、清宮側がセットした異例の親子面談を拒否したはずではなかったか。

商売上手の日本ハムは、高校卒業後即メジャー行きをめざしていた大谷翔平を「いつでもポスティングシステムで渡米させる」という〝密約〟で獲得した実績がある。今回獲得した一番人気の清宮も、近い将来「本人の希望」を理由にメジャーに移籍させ、巨額の譲渡金を手にする腹なのだろう。

もっとも、清宮がダルビッシュや大谷のように、日本で抜群の実績を残してメジャーのオファーが殺到するかは未知数だが、ポスティング移籍ができなくても清宮人気の観客動員やグッズ・広告収入で日本ハムが初期投資の元を取り戻せることは間違いない。

ポスティング密約は日本プロ野球への背信行為だ

私は以前から、日本球界の財産が早々に流出する特例ルールのポスティングシステムに反対している。日本ハムが今回も清宮との入団交渉で「いつでも渡米ＯＫ」の密約を交わすとしたら、日本プロ野球への重大な背信行為だ。

そもそも、清宮はそれほどの選手なのか。報道を見ると、清宮が目標とする早実の大先輩・王も「プロ野球全体の期待の星。あとはどこまで上がれるかチャレンジしてほしい」とエールを送り、メディアは「即戦力」扱いだ。

しかし、私はそうは思わない。

日本ハムの栗山英樹監督は、「感動した。日本の、世界のホームランバッターにするんだという思いはもちろんある。本人が思っている以上に才能にはほれ込んでいる」と大はしゃぎだが、私が監督なら「この選手はどこで使ったらいいのか」と頭を抱えるだろう。

木のバットでホームランを打てるバッティングを身につけろ

しかし清宮は、進学のチャンスを蹴ってプロ入りを決めたのだから、ファンの期待に応えなければならない。

そのためには、走り込んで巨体を絞り込むこと。そしてプロ野球で通用する走力と守備力を磨き、木のバットでもホームランが打てるバッティングを身につけることだ。

まず日本のプロ野球で実績を残せなければ、大リーグは夢のまた夢になる。

私はこれから未知の世界に飛び立つ青年に、冷や水を浴びせるつもりはない。

野球界もメディアも、聞こえのいい「即戦力」でおだて上げるのは無責任だ。高校野球でホームラン記録を作った大器がプロ野球で大成するためにも、プロの厳しさと本当の姿を教えるべきだ。

そして清宮は、これから立ちはだかる高い山を自力ではい上がる決意と覚悟を持たなければならない。

甲子園のHR新記録が証明した3つの効果

高校野球の甲子園大会がホームラン競争になっている。埼玉県代表の花咲徳栄《はなさきとくはる》高校が優勝した2017年夏の大会は68本の競演で、それまでの記録だった2006年の60本を更新した。

それにしても、なぜ最近の甲子園大会はこんなに長打が多いのか。

2017年の空中戦について、報道では「好投手が少ないので打高投低になっている」という解説が多いが、私は「金属バット」「飛びすぎるボール」「筋トレでの肉体改造」の相乗効果だと見ている。

最近の報道によると、飛ぶボールについて質問を受けた高野連は「大会前にボールの反発力などを調査したが、これまでと同じだった」と疑惑を否定したという。

しかし私は、メーカーがプロ野球の「飛ぶボール問題」で売れ残った在庫を、高校野球界に回しているのではという疑いを捨てきれない。

この際、高野連は高校野球の試合球を公開テストして、「飛びすぎる甲子園」の疑惑を晴らすべきだ。それが、炎天下で戦う球児たちの誇りを守ることにもなる。

筋トレでの肉体改造は野球選手にとって有害

報道によると、2015年まで甲子園常連校・横浜の監督を務めた渡辺元智《もとのり》氏は、ホームランの大会通算新記録について「動画サイトなどで相手チームのデータが入手しやすくなった」ことと、「スポーツジムなどが手軽に使えるようになって、選手の体格が充実した」ことを理由に挙げている。

この話で私が注目したのは、2つめの「選手の体格が充実した」という点だ。そういえば、胸板も脚もユニホームがパツンパツンの選手が目立つ。

選手の体格のよさは、各学校がトレーニング施設を整備したことによる筋トレの効果を証明している。

しかし私は、かねてから野球選手の過剰筋トレと肥満に警鐘を鳴らしている。プロレスラーのような分厚い胸板や太い首は、野球選手にとって有害でプラスにはならないからだ。

腹筋や背筋などの適度な強化には反対しないが、野球に必要な力は野球で鍛えればいい。打者は素振りや打ち込みで、投手は走り込みと投げ込みで、盤石の下半身と肩を作ればいいのだ。打撃も投球も、腕力で打ったり投げたりするものではないのである。

ところが筋トレと食トレでパワーアップした最近の高校生は、900gもある金属バットを初球からフルスイングしている。

先輩名選手の言動に学べ

甲子園で母校に勝利を呼び込むホームランは、ファンを熱狂させる。劇的なアーチを飛ばした選手には心から拍手を送り、大いに評価したい。

しかし私には、金属バットと飛ぶボールと筋トレが野球本来の基本と本質を崩しているように思えてならない。

高校を卒業して大学やプロ野球に進めば、木のバットの狭い芯に当てない限り、ホームランどころかヒットにもならないのだ。金属バットでホームランを量産した多くの高校球児が、力だけでは乗り越えられない〝木の壁〟の前に立ちすくむことになる。

私は次代を担う若者たちに、王貞治や長嶋茂雄や野村克也の、ワングリップあけてバットを構える姿を見てほしい。

そして、「体が丈夫ということは、イコール『強さ』とか『大きさ』と考える人が多いと思いますが、僕はまったく逆。『丈夫』＝『柔らかさ』と思っている」というイチローの言葉に学んでほしい。


ここで紹介した先輩たちの姿は、過剰筋トレで肉体改造して金属バットを振り回すいまの高校球児とはまったく違う。

少年野球や高校野球が金属バットを使うのは、折れやすい木のバットより経済的だという理由はわかっている。

しかし少年野球や高校野球の指導者は、金属バットとホームランの魔力に惑わされず、次代を担う少年たちに正しい野球を教えてほしい。

甲子園大会は〝越境入学〟を許すな!

99回目を迎えた2017年の高校野球甲子園大会には、北は北北海道代表の滝川西高校から南は沖縄県代表の興南高校まで、49校が出場した。このうち初出場は、早稲田大学の系属校でもある早稲田佐賀など6校だった。

毎年、甲子園を舞台に展開される高校球児のドラマは、全国の野球ファンの感動を呼び、涙を誘う。しかし私は、甲子園に集結した球児たちを眺めながら、いい知れぬ寂しさを感じた。代表49校のうち、私立高校が41校で、公立高校は県立が7校、市立が1校の計8校しかなかったからだ。

スポーツ名門校に集まる野球エリート

高校球児の夢舞台・甲子園が、入学試験の厳しい公立校にとって「狭き門」になったのは、いまに始まったことではない。

1995年に私が日本のプロ野球で初めてのGMに就任した千葉ロッテマリーンズのエース・伊良部秀輝は尽誠学園出身だった。尽誠学園は四国の香川県にある私立高校だが、伊良部は兵庫県尼崎市育ちである。

この学校は野球をはじめバスケットボール、ソフトテニス、卓球など全国大会に何回も出場するスポーツ名門校で、全国各地から集まるスポーツエリートのために各部の寮まであった。

当然、プロ野球で活躍した有名選手も多い。伊良部のほかにも、オリックスや巨人で活躍した谷佳知外野手や横浜ベイスターズの佐伯貴弘外野手がいるし、早大の主将からヤクルトに入団した田中浩康は35歳でなお、横浜DeNAのセカンドを守っている。

そして彼らはいずれも関西の出身で、中学を卒業後、故郷を離れて野球の名門校に入った〝越境入学〟組だ。

甲子園の球史を見ると、これまで「怪物」と呼ばれたスーパースターが多い。

代表格は数々の伝説を残した栃木・作新学院の江川卓投手である。

１９８０年代に投打の甲子園記録を塗り替えたのは、大阪・ＰＬ学園のエース・桑田真澄と主砲・清原和博のＫＫコンビだ。

そして１９９０年代に登場したのが、ゴジラ旋風を巻き起こした石川・星稜の松井秀喜と、１９９８年に春夏連覇を達成して「平成の怪物」と呼ばれた神奈川・横浜高の松坂大輔。

さらに２０００年代には宮城・東北高のダルビッシュ有と、北海道・駒大苫小牧の田中将大という剛腕コンビがいる。２人はいまや、大リーグの主力投手である。

メジャーといえば、大リーグ移籍で注目される大谷翔平投手も岩手・花巻東時代、高校野球岩手大会でアマチュア史上初の球速１６０㎞／ｈを記録した。

メジャーのエース・ダルビッシュも田中将大も関西出身

102年の歴史を飾る甲子園の名選手を挙げればきりがないが、私が注目するのは、その多くが私立高校の生徒だったことだ。

私立もそれぞれの個性的な教育方針にそって長年の実績を重ねてきた。しかし残念に思うのは、甲子園出場校のうち私立高校がついに83％に達し、そのほとんどが遠方の県外選手を受け入れていることである。

すでに知られているように、尽誠学園以外でも、横浜高の松坂は東京・江東区育ちだし、東北高のダルビッシュは大阪・羽曳野市で生まれ、地元の少年野球で才能を磨いた。

駒大苫小牧の田中も兵庫・伊丹市の少年野球で頭角を現し、野球名門校に入るため北海道に渡ったのだ。

ついでにいえば、甲子園の決勝戦で田中に投げ勝った早実の斎藤佑樹（日本ハム）

は群馬県の出身である。

このほかにも、同じように遠隔地から越境入学で寮生活を送る高校球児は多い。

たとえば2017年の大会に初出場した早稲田佐賀は、早大の創立者・大隈重信の出身地という縁で大学の系属校になった。早大への進学目的で集まる県外生徒のために専用の寮があり、歴代の野球部員のなかにも寮生活で卒業を迎えた生徒がいる。

高野連は「聖地・甲子園」の原点に戻れ

学校法人が経営する私立高校に校区の制限はなく、遠方の都道府県から優秀な生徒を誘致するのは違法でもない。

しかし高校野球の原点は、都道府県の代表として選ばれた49校が、伝統の甲子園で日頃鍛えた技と力を競うものではないのか。

だからこそ、地域の代表チームを送り出した地元のファンが熱烈応援し、感動し、涙を流す。

全国各地から有望な野球少年を集める野球名門校が毎年のように甲子園に出場しても、「地元ファンの感動は薄い」という話をよく聞く。さもありなん、である。

私があえて〝越境入学〟に反対するのは、高校生活の3年間は野球だけでなく、基礎教養をしっかり身につける時期だからだ。

この大事な多感な時期に、親元を遠く離れて野球漬けの寮生活を送る必要があるのか。野球名門校や甲子園常連校は、県外選手の寮生教育に甘くなっていないか。

選手も、どうしても甲子園に行きたいのなら、わざわざ遠い私立高校に行くのではなく、地元都道府県の強豪校で甲子園をめざしたらいいではないか。

2017年の開会式でも、祝辞で文部科学副大臣は「都道府県代表として本大会の出場を果たされたみなさん」と呼びかけ、日本高等学校野球連盟会長も励ましの言葉で「高校野球の聖地・ここ甲子園球場で――」と選手たちを激励した。

高野連は、私立高校の広告塔かプロ野球選手の養成機関になりかねない〝越境入学〟制度を見直し、甲子園大会を教育の原点に戻すべきだ。

第5章

メジャーの猿まね制度改悪は間違っている

コリジョンルールで日本の野球がダメになる

2016年のセ・パ交流戦が終盤を迎えて盛り上がっていたとき、私がかねてより反対していた「コリジョン（衝突）ルール」が、またも問題を露呈した。

6月14日の広島―西武戦。2対2で迎えた9回裏2死一、二塁から広島・赤松がセンター前にヒットを打ち、二塁走者の菊池がホームでアウトになったときだ。広島・緒方監督が飛び出して猛抗議すると、審判団はNPBが「リプレー検証」と呼ぶビデオ判定の結果「コリジョンルール適用」として広島がサヨナラ勝ちした。

テレビ中継を見ていた私は「なにッ？」と叫んで、頭に血が上った。84歳になって、日頃から〝心穏やかな生活〟を心がけていた私も、さすがに怒りを抑えることができなかった。

悪送球を捕りに行った捕手がなぜ悪い

このシーズンから採用されたコリジョンルールは、本塁上での走者と捕手の衝突事故を防止するために作られた。このルールでは、捕手には本塁でのブロックや走路をふさぐことを禁じ、走者には捕手への体当たりを禁じている。

しかし、私が我慢できなかったのは、センターからのバックホームが大きく左にそれたため捕手は左前に飛び出してやっと捕球し、回り込んでスライディングする走者にタッチしたのにビデオ判定でアウトがセーフに変わったからだ。

ここで見逃してならないのは「捕手がホームベースを大きく離れ、それた送球を捕るのに必死だった」ことである。

たしかにビデオ映像を見ると、捕球したとき、捕手は三塁線をまたいでいた。しかしコリジョンルールには、「ただし、審判員が、捕手または野手が走路をふさがなければ守備ができなかったか、走者との接触が避けられなかったと判断した場合は違反とみなさない」という内容が書かれている。

私にいわせれば、この但し書きこそ、この夜、適用されるべきだった。にもかかわらず、悪送球を必死で捕った捕手が結果的に走路上にいた、というだけでアウトがセーフになるようでは、野球にならない。

このままでは、まともな捕手が育たなくなる

新ルールのカギは、ホームベースを隠したかどうかにある。たしかにこれまでは、レガースをつけたキャッチャーがホームベースを隠してブロックしたから、走者は滑り込むところがなくてケガもした。だから事故防止のため、捕手有利のルールを変えたのはいい。

しかし今回のように、ホームベースより手前（三塁寄り）で、それた球を捕りに行ったのを進路妨害というのはおかしい。

だから私は、新ルールは、あくまでホームベースを基準に考えるべきだと思う。そ

して捕手は、滑り込んでくる走者のためにベースの一角を空けてやれば、これまで通り全身でタッチすればよい。それなのにホームベースを「どうぞどうぞ」と丸ごと空けて、わざわざ遠くから片手でタッチするのは間違っている。

捕手はあくまで、両手でボールをしっかり押さえ、走者に負けないよう体を張ってタッチするのが野球の基本である。

私が一番心配なのは、こんな間違ったプレーが繰り返されると、なんでもプロ野球のまねをする学生野球の選手や子どもたちが、間違ったキャッチャーに育ってしまうことだ。

ビデオ判定依存症の副作用

審判の判定をめぐっては2015年9月、甲子園球場の阪神―広島戦でホームランの誤審が大きな問題になった。センター後方のフェンスを越えたホームランが、跳ね返って外野を転々としたため、審判は「インプレーの三塁打」とした。ところがビデオ判定の結果、NPBは翌日の再検証で誤審を認め、当時の熊崎勝彦コミッショナーが陳謝した。

このときNPBは「再発防止に努める」として、機械化（ビデオ判定）の充実に取り組んだ。

2016年から採用されたコリジョンルールでは5月の阪神―巨人戦で、巨人・小林誠司の本塁突入が、ビデオ判定でアウトから一転セーフになって阪神ファンを激怒させた。

一連の判定変更は、いずれもビデオ判定で行われたものである。誤審が減るのはいいことだが、問題は機械化（ビデオ判定）に頼りすぎることの弊害だ。

ビデオより審判を信じたい

たとえばコリジョンルールを徹底するなら、セカンドゲッツーや一塁の判定はどうなるのか。

私は巨人の現役時代にショートだったからよくわかるが、4－6－3のダブルプレーをいちいちビデオ判定したらセーフが続出するだろう。王貞治も、送球を捕ってベースから足が離れるのが異常に早かった。

それでもこれらのプレーが黙認されているのは、野球では〝一連の流れ〟を大事にするからであり、ショートがセカンドの送球を受けてから確実にベースを踏んでいたら、野球最大の見せ場である華麗なゲッツーは激減してしまう。

そもそも大リーグでも、映像を審判の判定に活用するビデオ判定は、初めはホームランの確認判定だけに限定されていた。その後、ボール、ストライク以外の判定については監督がビデオ確認を求めることができる「チャレンジ制度」が導入され、コリジョンルールもこのなかに含まれている。

日本のプロ野球でも現場や球団からの強い要望を受けて、2010年からホームランに限ってビデオ判定が導入され、2016年からはコリジョンルールを含む本塁のクロスプレーもその対象になった。

ビデオ判定に対する私の疑問と心配は、その後現実になってきた。コリジョンルールの導入に伴って本塁でのクロスプレーや二塁ベース上における併殺阻止のための危険なスライディング、ホームラン性の打球についても頻繁に「リプレー検証」が行われるようになったのだ。

しかも、これまでの「リプレー検証」は、審判たちが判定を確認するために必要と判断したときだけ自主的に行っていたが、2018年からは判定に異議がある場合、監督が原則2回までビデオ映像による検証を求められることになった。

新制度は「リクエスト」と呼ばれているが、大リーグの「チャレンジ制度」の日本版で、メジャーと同じようにストライク、ボール、ハーフスイング、自打球、ボーク、走塁妨害、守備妨害を除くほとんどのプレーについてアウト、セーフの検証を求めることができる。

つまり、これまでは審判団の自主的な判断で行われていた「リプレー検証」に対し、監督に要求権が生まれ、対象プレーも広がったことになる。

ここで考えなければならないのは、「機械（ビデオ）をとるか人間をとるか」の問題である。プレーの流れは、機械にはわからない。野球で一番の見せ場の判定が、ことごとくビデオに覆されるとしたら、審判の尊厳はどうなる。

この判定をめぐる一連の制度改正は審判団が自主的に行ったのではなく、現場の希望を受けてＮＰＢの理事会と12球団（実行委員会）が決定したものである。

私が憂慮するのは、なんでもビデオ判定に頼る新制度で、審判たちが「判定を間違っても、最後はビデオ判定が決めてくれる」「これまでのように、勝負の最終責任を審判が負う必要がなくなる」と考えないか、ということだ。

「判定ミスがなくなる」という大義名分で、ＮＰＢや球団側が審判の判定ミスの責任を問わなくなると、審判団の緊張感が薄れ、審判たちの技術とモチベーションの低下につながるのではないか。

だから私は、ビデオに頼るより人間の目を信じたい。それが野球であり、審判のさらなる努力と成長に期待したい。

今回のコリジョンルールに始まった判定の機械化で、野球の魅力は半減するだろう。

いまの野球は間違っていることが多いが、いますぐやるべきなのはコリジョンルールとビデオ判定の即時撤廃。それができないなら、日本野球にふさわしい柔軟な判定方法に改善するべきだ。

カープファンよ怒れ！　こんなクライマックスシリーズは間違いだ

２０１７年のセ・リーグは、ＣＳでペナントレース３位の横浜ＤｅＮＡがリーグ優勝チーム・広島カープを破って日本シリーズに進出した。

ペナントレース３位の横浜は、２位の阪神をファーストステージで破ってファイナルステージに勝ち進み、リーグ２連覇の広島に１敗後４連勝。文字通りの下剋上で、19年ぶりの日本シリーズ進出である。

ペナントレースを振り返ると、２連覇のカープは２位阪神に10ゲーム差の独走で、３位横浜には14・５ゲームの大差をつけた。

誰もが投打の総合力で広島の有利を予想していたが、その王者カープが、巨人に２ゲーム差でやっとＣＳ権をつかんだ横浜になぜ完敗したのか。横浜ファンは狂喜し、新聞は例によって勝因、敗因をいいつのったが、そもそもこんな制度は間違っている。

ペナントレース優勝チームがリーグ優勝だ

私はかねてから「プロ野球は143試合やって1位のチームがリーグ優勝だ」と言い続けている。その小学生でもわかる当たり前の原則を、プロ野球は2007年から覆した。主な理由は、リーグ優勝決定後の消化試合で激減する観客動員対策と、ポストシーズンによる増収策だ。

例によって、米大リーグが1994年から始めた「ディビジョンシリーズ（地区シリーズ）」と「リーグチャンピオンシップシリーズ（リーグ優勝決定シリーズ）」のまねである。

大リーグはこのポストシーズン導入で、シーズン終盤の観客動員数とテレビ放映権料の拡大に成功した。

しかし両リーグ計6地区30チームに肥大したメジャーでは、地区優勝3チームと敗者復活のワイルドカードゲームの勝利チームで、各リーグの優勝を決めなければならない事情がある。

これに対して1リーグ6チームしかない日本が、上位3チームで敗者復活戦をしてどうするのか。百歩譲って2位以下のチームは敗者復活の希望があるが、1年かけてやっと優勝したチームが、1勝のアドバンテージがあるとはいえ実質6試合の4戦先勝で改めてリーグ代表決定戦をさせられるのはたまらない。おかしな話である。

この年のカープは、10月1日のレギュラーシーズン最終戦から横浜とのファイナルステージが始まった18日まで試合ができずにゲーム勘が鈍り、そのハンデが、ファーストステージを戦った直後で勢いのある横浜に負けた原因の一つになった。

大喜びの横浜ファンも、いつか同じ思いをする

何事も完全はなく、どんな制度にも一長一短はある。

日本のCSにも、賛成派は「リーグ3位をめざして最後まで競り合うので、消化試合が少なくなってファンの興味をつなぎとめることができる」という。

しかし私にいわせれば、CSがなくても、上位チームが最後まで優勝をめざして競えばファンの興味も観客動員も維持することができる。

一方、CSがあると、優勝できなくても「3位に入れば敗者復活がある」と考える甘えが、最後まで必死でリーグ優勝をめざす気迫をそぐことになる。いわば「遊んでいる」状態で、最近の巨人がいい例だ。

もう一つの「増収策」というメリットだが、知恵を絞ればCSの短期決戦に代わる策はいくらでもある。

たとえばテレビ中継の改善である。2017年のファーストステージはBSなどで放送したが、肝心のファイナル、広島―横浜戦は民放が地上波で2度、試合途中から放送しただけで、ほかの3試合はBSでも見ることができなかった。

だからCSと日本シリーズを主催するコミッショナーは、増収策をCSに頼るだけでなく、地上波を含む公式戦のテレビ中継を増やすよう、もっと営業努力を続けるべきだ。

私は、ペナントレースでリーグ優勝したチームが、日本シリーズで日本一を競うことこそが「プロ野球の大原則であり魂だ」と思っている。だからリーグ優勝が決まったあとに営業目的でCSを行うのは魂を売ることになる。

私は2016年9月にも連載でCS問題を取り上げ、『カープファンはCSで負けたら、がまんできるか』と書いたが、私の懸念は現実になった。ペナントレースの独走に酔っていたカープファンは、いまこそ怒るべきだ。そして大喜びの横浜ファンも、いつか同じ体験をするだろう。

ビジョンや理念のないくじ引きドラフトはやめろ――

毎年、シーズン後に行われるドラフト会議ほどむなしいイベントはない。2012年オフは「高校を卒業したらアメリカ大リーグに行きたい」と宣言していた大谷翔平（花巻東高）を日本ハムが、諦めていた他球団を出し抜く形で獲得した。

5年後の2017年オフでは、また日本ハムが最大の目玉選手・清宮幸太郎（早実高）をゲットした。清宮側が開いた球団別ヒアリングをパスしたあとだった。ただ、くじに強かっただけである。

日本ハムのドラフト作戦には不快感がつきまとうが、そもそも、くじ引きで新人選手の運命を決めるやり方が間違っている。

大リーグのドラフト会議には共存共栄の戦略があった

改めていうまでもなく、ドラフト会議は米大リーグと日本のプロ野球が１９６５年に始めたが、メジャーと日本では名前は同じでも内容はまったく違う。

大リーグのドラフト会議は、高騰を続ける新人の契約金抑制と各チームの戦力均衡が目的だった。つまり、各チームの戦力均衡を図って戦力と経営基盤の格差を縮めることで試合内容を高め、観客動員数と収入・利益を高める共存共栄の戦略だ。だからドラフト会議のやり方も、全30チームのうち前年の勝率最下位チームから希望選手の指名権が与えられる完全ウェイバー方式で、前年の勝率1位チームは1巡目から最終巡まで、希望選手を毎回最後に指名する。いいかえれば、評価の高い選手は下位チームから順に獲得の可能性が高いわけだ。

それだけではない。ドラフト会議の前に優秀な選手をＦＡで獲得したチームは、ＦＡで選手を失った相手球団に見返りとしてドラフト指名権を一人につき1回（または2回）譲渡するというのも、リーグ内の戦力均衡を図るためだ。

ところが日本のドラフトには、くじ引きという日本的な平等主義があるだけで、大リーグのような明確な共存共栄のビジョンや理念がない。

日本には「仏作って魂入れず」という諺《ことわざ》があるが、形だけメジャーの制度をまねる「猿まねドラフト」は大リーグのように完全ウェイバー方式に即刻改革すべきだ。

ドラフト制度だけでなく、大リーグに学ぶべきことは多い。共通しているのは、平等の精神と共存共栄の理念である。日本のプロ野球がまねなければならないのは、形だけでなく、その本質である。

第6章

私の監督論

新監督は人気やオーナーの好みで選ぶな

プロ野球は12チームのうち2チームの監督が交代して、2018年のシーズンを迎えた。新監督は千葉ロッテマリーンズの井口資仁《ただひと》と東京ヤクルトスワローズの小川淳司である。

前年秋、ロッテの伊東勤監督とヤクルトの真中満監督が成績不振の責任をとって退任を表明したあと、スポーツマスコミのストーブリーグで後任の有力候補に挙がっていたのは、ロッテが引退したばかりの井口、ヤクルトは二軍監督の高津臣吾だった。

このうち、ヤクルトは実績のある元監督の小川に再建を託したが、ロッテはやはり、二塁手としてファンの人気が高かった井口を選んだ。

私は、選手を育てて勝てる人物を監督に選ぶべきだと思っている。そのためには現役引退後、コーチや評論家として野球をしっかり勉強した人間がいい。

ところが巨人の高橋由伸に代表されるように、最近はチームのスター選手を引退直後に監督に据えるのが当たり前になっている。

コーチ経験もない現役の人気選手を新監督に据えるのは、客寄せパンダの無責任な人選で、結果としてファンを裏切ることになる。

監督は現役時代の経験と引退後の勉強で、自分がどんな野球をやりたいかという目標と、そのためにはどんなチームを作るかという方針を持っていなければならない。

最近、ある球団の幹部と話したとき、監督人事のありかたについて私の考えを伝えた。

「勝ちたいのなら、『勝つためにはこれだけの練習をしなければいけない』と考えている人を監督に置き、新監督はコーチ陣に自分がめざす野球をしっかり教えるべきだ」

だがどの球団も、監督人事はオーナーの意向に従うしかないようだ。

真のファンサービスは強いチームを作ること

長い歴史を持つ米大リーグでは、新監督を選ぶ場合、現場運営の全権を持つＧＭが最善の候補者を選び、オーナーに提案して了承を得る。

オーナーもよほどの理由がない限りＧＭ案に反対しないが、監督人選ミスで成績が悪ければＧＭがクビになる。球団の命運をかけた監督人事は、オーナーもＧＭも命がけなのだ。

ところが、オーナーが人気や親会社の利益優先で決めることが多いのが日本の監督人事で、これは間違っている。真のファンサービスは、指導者として力量のある監督を選び、強いチームを作り上げることである。監督は、人気やオーナーの好みで選ぶものではない。

プロ野球OBクラブは監督候補の〝就活〟を

監督人事といえば、日本プロ野球OBクラブ（公益社団法人全国野球振興会）は何をしているのか。

プロ野球のOBは「NPBプロ研修会」と「学生野球研修会」を受講し、日本学生野球協会の審査に通れば、学生野球を指導できることになっている。

プロ野球のOBが、現役時代に体得した最高の技術を学生たちに教える道が開けたのは結構だ。しかしOBの生活を守るためのOBクラブなのだから、独自の野球研修会を充実させ、有能な指導者を育成して「この男を監督かコーチにどうか」と球団側に売り込むべきだ。そして契約書には「約束の成果を出せなかったら解雇してくれ」と明記するくらいの自信と決意を示せ。

天才集団のプロ野球で現役選手を指導するには、それくらいの力量と覚悟が必要なのだ。

ところがプロ野球の現場では、球団OBが集まる〝仲よし首脳陣〟が多く、コーチが監督の人脈を頼って他球団に移る〝タライ回し人事〟もまかり通っている。

いまこそコミッショナーが独自の研修制度を作り、球界全体をレベルアップさせるような優れた指導者を育ててもらいたい。

スーパースターを監督にしない大リーグに学べ――

大リーグでも、シーズン途中の監督解任劇は数えきれないほどある。その理由も事情もさまざまだ。

しかし、巨人を現役退団して以来、半世紀にわたって大リーグ野球を勉強してきた私は、名門ロサンゼルス・ドジャースの監督人事に感銘を受けている。いうまでもなく利益目的で転売を繰り返し、オーナーがコロコロ代わるいまのドジャースではなく、オマリー親子が2代にわたって一族経営をしていた〝古きよき時代〟の話である。

1967年2月、私は評論家として大リーグキャンプ視察のため、フロリダ州ベロビーチのドジャータウンを訪れた。そのとき会った長身で白髪の紳士、ウォルター・オルストンは23年間にわたって名門・ドジャースの指揮を執った名監督だった。

私にとっては現役時代のベロビーチキャンプに続いての再会だが、驚いたのは、彼の監督歴が気が遠くなるほど長いことではない。オルストンはなんとメジャーの現役時代、セントルイス・カージナルスで1度代打で出場しただけで、しかも三振だったのだ。生涯記録は1打数1三振で、選手としての13年間は主にマイナーリーグの一塁手や投手だった。

それが1940年からマイナーリーグの監督になり、1950年からはドジャースの3A、モントリオール・ロイヤルズの監督を務めた。ここで好成績を収めたことが評価されて大リーグ・ドジャースの監督に抜擢された。

長期政権を支えたオーナーと監督の信頼関係

長期政権の終盤には、成績が悪いとさすがに交代論もささやかれたが、「本人が辞めるというまでその任に就かせる」という先代ウォルター・オマリー会長の裁断で長期間、指揮官の座を全うした。

私が会ったオルストンは穏やかな笑みを絶やさず、キャンプ地や遠征先のレストランで選手と一緒に食事をするときは、夏でも必ずネクタイとジャケット姿のジェントルマンだった。

当時、ドジャースの監督は1年契約である。オルストンは毎年、シーズンが終わると故郷のオハイオ州に帰った。契約終了なので、お別れの挨拶のためオーナー室にオマリー会長を訪ねると、オーナーは「来春またドジャータウンで会おう」と声をかけたという。これが2人の間で20年以上も繰り返された、契約更改の儀式だった。

オルストンの後任に選ばれたトミー・ラソーダも20年間監督を務めたが、彼も大リーガーとしての実績はない。左腕投手だったがメジャーでの記録は0勝4敗。しかしマイナーリーグで11年間現役生活を送ったあと、スカウトを5年、マイナーの監督を8年間、ドジャースの投手コーチを4年間務め、その間、シーズンオフには中南米のウィンターリーグの監督まで務めた。

イタリア系の陽気なトミーは指導者としての経験と実績は十分で、コーチ時代の1965年、スカウトのケニー・マイヤーとともに臨時コーチとして宮崎の巨人キャンプで指導した。

天才集団であるメジャーの選手たちが、現役時代の実績がない監督のいうことを聞くはずがない。それでもこの2人の監督が長期政権を維持できたのは、オーナーの信頼が厚く、人徳があり、しかも何より野球をよく勉強して、メジャーの選手を納得させる説得力と指導力があったからだ。

忘れてならないのは、オーナーと現場の総責任者であるGMが、成績が悪いときでも、すべての責任を監督だけに押しつけず、常に情報交換をしながら責任を共有したことである。オーナーとGMと監督。この三者のゆるぎない信頼関係こそが、名門ドジャースの繁栄と監督の長期政権を実現したことを、私は半世紀にわたって見てきた。

そして大事なことは、大リーグでは日本のように、人気と実績のあるスター選手をいきなり監督になんかしない、ということである。現場の指揮官である監督の選考基準は、現役時代の実績より、マイナーリーグ指導者としての実績なのだ。

巨人・菅野の開幕温存は間違いだ

２０１７年シーズンが始まって私が愕然としたのは、Ｖ奪還が至上命令だった巨人の開幕投手が、ＷＢＣで「日本のエース」といわれた菅野智之ではなかったことだ。菅野は前年、９勝６敗ながら防御率リーグ１位の大黒柱だ。前シーズン、広島に17・５ゲームの大差で2位に終わった高橋由伸監督は、秋季練習で早々に菅野を４年連続の開幕投手に指名していた。そのエースを、なぜ本拠地・東京ドームの中日戦で投げさせなかったのか。

私は、２０１７年3月27日に都内のホテルで開かれた巨人ファンの財界人の集い「燦燦会《さんさん》」で、高橋が「開幕投手はマイコラス」と発表したニュースを見て、言葉を失った。

報道によると、監督は「キャンプ、オープン戦を通して安定した投球をしてくれたマイコラスに託します。先日まで行われたＷＢＣの菅野の負担は非常に大きいものがあったのでは、と私が判断しました。菅野は次のカード、DeNA戦の初戦（4月4日）に先発させます」と語った。

目先の勝ち負けより大事な、エースと監督の信頼関係

菅野はこの年、3月22日（日本時間）にロサンゼルスで行われたWBCの準決勝で、アメリカを相手に6回1失点と好投したが、開幕戦までは中8日あった。高橋も「菅野は開幕投手へのこだわり、強い意志を私に示してくれました」と語っていた。

それでも巨人がエースを温存したのは、開幕戦のあとに、前年巨人が10勝14敗1分けと負け越したDeNAと阪神、12勝13敗で独走を許した広島戦が待ち受けていたからだという。

しかし、いずれも菅野が開幕戦を回避する理由にはならない。そもそも開幕投手とはどういう存在なのか。

まず一番はそのチームの頭《かしら》、エースということ。巨人では菅野がナンバー1なのだ

から、2週目の相手がどこであれ、そのシーズンの元日である開幕戦にほかの投手をもってくるのは邪道だ。

第二に、開幕投手は監督とナインが最も信頼する存在でなければならない。だからこそ、選ばれた投手は「俺がエースだ。監督は俺を一番信頼してくれている」という誇りを持ってマウンドに上がる。このお互いの信頼感が1年の勝敗を左右する肝といっていい。

この信頼感はエースと監督の絆にも通じるもので、長い目で見れば目先の勝ち負けよりはるかに大きな意味を持つ。

投手に責任感が生まれる真のローテーション

いまのプロ野球は調子のよい投手から使うだけで、真のローテーションが崩れている。

私が1976年に監督になるまでのヤクルトは、巨人戦だけに調子のいい投手を集中的に投入したので、他チームとの試合にはボロ負けすることが多かった。そこで監督になった私は、「勝敗の70％は投手で決まる」と考え、現役引退後の大リーグ視察で学んだ先発ローテーションシステムの整備をチーム強化の最優先課題にした。

まず本格派のエース・松岡弘を中心に5本柱で先発ローテーションを組み、「先発したら5回まではどんなことがあっても代えないぞ」といい渡した。これは監督の私にとっても苦しい宣告だったが、やがて先発組に「監督に任されたのだから5回までは絶対試合を作らなければ」という自覚と責任感が生まれた。

そして2年目からは第二、第三の課題に取り組み、2年目にリーグ2位、3年目には球団初のリーグ優勝と日本一を達成した。

つまりエースやローテーション投手と監督の信頼関係がチームの肝である以上、開幕投手にはチームの大黒柱を指名するのが当然なのだ。

選手が疲れているからと、ハイハイということを聞くような監督は、選手に責任を転嫁しているだけだ。

責任は監督にある。たとえエースが疲れていても、「開幕はお前しかいない。頼むぞ!」といえば、意気に感じていい仕事をするものだ。

監督はすべての分野を勉強しろ

プロ野球は監督を中心として、投手、バッテリー、打撃、守備・走塁の各部門に信頼できるコーチを配する分業制になっている。

あれは田淵幸一が福岡ダイエーホークスの監督になった1990年だった。私が西武の監督時代にチームリーダーとして日本一に貢献してくれた男だから、気になっていろいろとアドバイスもした。

驚いたのは、彼が「ピッチャーは権藤博さんに任せているから大丈夫です」と答えたことだ。私は悪い予感がしたのでいった。

「おいおい、君はピッチャーのことはわからないかもしれないし、権藤は現役時代に立派な実績があるコーチだが、投手陣で失敗したらすべて監督である君の責任だぞ」

私の危惧は当たった。この年、福岡ダイエーは最下位に終わり、その後も5位、4位と低迷して田淵ダイエーは3年間で終わった。

一方の権藤はその後、1998年に横浜ベイスターズの監督に就任し、その年にはセ・リーグで優勝してチームは38年ぶりの日本一に輝いている。田淵の失敗と権藤の成功には、監督とコーチのコミュニケーションも含めて考えさせられることが多い。

私が西武の監督のとき、元巨人のストッパーで「8時半の男」といわれた宮田征典を投手コーチに迎えた。私は巨人時代の同僚でもある宮田とさまざまな意見交換をした。彼は現役時代から知性派で野球の知識も豊富だったので、私は彼から投手のことをより深く勉強することができた。

もちろん私も監督の立場、野手の立場から日頃考えていることを伝えると、彼は「なるほど、そういうやり方がありましたね」とすぐ投手指導に取り入れていた。

私は長い監督・コーチの経験から、専門の内野守備だけでなく、バッテリーのことも外野手のことも、そしてバッティングのこともすべて指導することができる。監督は、野球のすべての分野に精通していなければならない。そのためには、自分の専門外の分野でも、担当コーチと一緒に勉強しなければいけない。

バント練習を一からやり直せ

バントはピッチャー前でいい

最近の野球で目立つのは、バントの失敗が多いことだ。バントは町の少年野球でも練習している攻撃の基本だが、プロ野球でも恥ずかしい失敗が多い。

ファンは華やかなホームランや激しい打ち合いに興奮するが、一番喜ぶのは応援しているチームが勝つことだ。この勝利に欠かせないのが、勝負どころでのバントである。

ところが無死走者一塁や二塁の得点機に、あっさりバント失敗でチャンスをつぶすケースが非常に多い。さすがにプロの投手はバントをしにくい速球や変化球が多いのも事実だが、一番の原因は、一塁手や三塁手のチャージをかわそうと、三塁線や一塁線を狙いすぎることだ。

試合の潮目を変えるバントを一発で決めるには、難しいライン寄りを狙うより、投手の前に転がせばいい。もちろん強いゴロだと走者がアウトになるが、バットの芯をはずせば投手の前に転がしても確実に走者を送ることができる。これが確実にできるようになってから、ライン寄りに転がせばいいのだ。

バットにはマークの隣（先端側）に、当たればヒットや長打になる芯がある。バントのときは、難しいライン寄りを狙うより、芯と先端の間に当てれば、わざわざバットを引いて打球を殺さなくても弱いゴロになる。これは小学生でも知っている基本だが、相手がプロの投手だと、バットの芯をはずすのはよほど練習しないと難しい。

私は巨人に入団直後、この基本をバントの名人といわれた二塁手の千葉茂さんから教わった。

「ヒロ、バントはピッチャーの前に転がせばいいんだよ。バットを引く必要もない。芯をはずして当てれば確実にランナーを進めることができる」

改めて考えると、千葉さんのいう基本はバントの極意でもあった。

効率のいいプッシュバントを使え

次に一、三塁手のチャージをかわしたいなら、成功確率の低いライン寄りに転がすより、マウンドと一塁手の間をめざして強いゴロを転がすのがいい。バントと同時に二塁手は自動的に一塁ベースのカバーに回るので、球は無人の一、二塁間を転々とする。いわゆるプッシュバントである。

2017年7月26日の巨人─広島16回戦でも9回表、広島の無死一塁で菊池涼介が無人の二塁にプッシュバントを決め、一塁走者・田中広輔が三塁まで進み、丸佳浩の犠飛でダメ押しの7点目を奪った。走者が二塁にいる場面だったら、このバントでホームインできただろう。プロ野球はこの有効な作戦を、なぜもっと使わないのか。

バットの芯をはずす投前バントも芯に当てるプッシュバントも、成功確率の低いライン寄りを狙うより効果は大きい。しかしどちらも、プレッシャーのかかる実戦で成功させるには、毎日気持ちを込めた練習を続ける必要がある。

プッシュバントは送りバントより効率のいい作戦だ。私は西武監督1年目、前後期制時代の1982年のプレーオフで、シーズン中、天敵だった日本ハムのリリーフエース・江夏豊をこのプッシュバントで攻略してリーグ優勝し、日本一になった。

監督・コーチがキャンプで教えるのは、新しい高等技術だけではない。

プロ野球は基本に戻れ

曲芸より基本プレーを磨け

最近のプロ野球で痛感するのは、単純なエラーやバントの失敗が多いことだ。

２０１７年で印象的だったのは前半戦の終盤、広島―巨人戦で広島のセカンド・菊池涼介がなんでもない正面のゴロをエラーしたシーンだった。菊池といえば曲芸のようなファインプレーで守備の名手といわれているが、私にいわせれば平凡なエラーが多く、二塁手としてはまだまだだ。

超ファインプレーでファンを喜ばせる菊池の身体能力は否定しないが、大事なところでポロッとエラーが出るのは、守りの基本ができていないからだ。見かけの派手なプレーだけでなく、真の名二塁手になるためには、曲芸より、もっと基本を磨け。

巨人の坂本勇人に代表されるバックハンド（逆シングル）の流行も気になる。「バックハンドのほうが早く送球できる」という理論は近年、大リーグから伝わってきたが、私はそうは思わない。

たとえばショートが三遊間のゴロを追うとき、打たれた瞬間に球筋を判断して打球の正面に入るのが守備の基本であり、そのほうが確実に捕って素早く正確な送球ができるはずだ。

私も巨人のショートを守っていたとき、逆シングルで捕ったことはある。しかしそれは打球が速く、どうしても正面に入ることができないときの非常手段だった。

このように、内野手は常に正面捕球を心がければ、それだけ早くスタートして打球の正面に入らなければならないので、結果として、少しずつ守備範囲が広くなる。

逆に三遊間や二遊間の打球をショートやセカンドが安易に逆シングルで捕るクセがつくと、速く走れば正面に回り込めるのに、ゴロに合わせてゆっくり移動するので守備範囲が知らぬ間に狭くなるのだ。

坂本も器用だから簡単に逆シングルでさばいているが、大事なところでバウンドが合わず、回り込めば確実にアウトにできるゴロを捕りそこねることがある。

私も坂本の身体能力は認めるが、真の名ショートになるために、楽な逆シングルは封印して苦しくても基本を磨け。楽をしたら進歩が止まるからだ。

私が見て、いま一番うまいショートはソフトバンクの今宮健太だ。三遊間の深いゴロや二遊間を抜けそうな打球を、いつのまにか正面に入って矢のような速い球を一塁に投げる。これができるのは曲芸ではなく、基本に忠実で、打球に対する第一歩が誰よりも早いからだ。三遊間のゴロをバックハンドで捕ったら、正面で捕ったときより正確でスピードのある送球ができるはずがない。

少年野球に蔓延する逆シングルと人工芝の弊害

安易な逆シングルを助長したのは人工芝だ。全体的に雑なプレーが多く、信じられないようなエラーが出るのは、イレギュラーバウンドのない人工芝に安心しきって基本プレーを怠っているからだ。

もちろん人工芝でも、芝撚《よ》れなどで不規則バウンドがないわけではない。だが、どんな変化が起こるかわからない土のグラウンドに比べればイレギュラーは少ないし、対応できないはずはない。

打者は3割打てば一流だが、守備は10割、つまり来た球はすべて捕るのが原則だ。つまり本来、野手の失策は許されないのだ。

私が大リーグを視察したとき、アメリカの新聞記者が「人工芝が選手を下手にする」といったが、警告は見事に当たっている。そして私が心配するのは、人工芝と逆シングルの弊害が、なんでもプロのまねをする少年野球や学生野球に広がっていることである。

打撃の基本はセンター返し

私は現役時代、巨人の先輩・青田昇さんから「打撃の極意」を教わった。それは単純明快で、「ヒロ、バッティングは難しく考える必要はない。センター返し、センター返し。来た球をセンターに打ち返す気持ちで打てばいいんだ」ということだった。

当時まだ若かった私は、強打者・青田さんのアドバイスがあまりに単純だったので、その真意が理解できなかった。いや、真剣に理解しようとしなかった。青田さんの極意が打撃の基本であることを当時理解していたら、私の生涯打撃成績はもっとよくなったはずである。

巨人で3番だった王貞治は「ホームランを打とうと思って打席に立ったことは一度もない。いつもライナー性のいい当たりを飛ばそうと心がけただけ。そのいい当たりが伸びてホームランになったんだ」と語っている。

日本で史上最多、3度の三冠王になった落合博満の話も興味深い。右方向へのホームランが多かった落合は「いつもセンター方向に打とうと思って打った。そのなかで外角に来た球を打ち返したら右に行っただけ」といっている。

つまり三冠王の王も落合も、ホームランを打とうと意識的に引っ張ったり、流し打ちをしたわけではなかった。共通するのは、青田さんの極意「センター返し」である。

打席ではホームベース寄りに立て

私が現役を引退してから半世紀が過ぎた。86歳になったいまわかった私の打撃の基本は、「ホームベース寄りに立ってピッチャー返し」である。

投手は右バッターの外角に速球、スライダー、カーブ、カットボールなどを投げることが多い。だからバッターボックスのベース寄りに立てば、本来一番遠い外角球が打ちごろの真ん中になるからだ。

そのかわり、すでに述べたように、内角球はファウルでかわすか、脇を締めて打ち返す練習をすればいい。だいいち右打者がベース寄りに立てば、投手は死球が怖いので内角を攻めにくいものだ。

最近はツーシームやスライダーなどで内角を攻める投手が多いので、ホームベースから離れて立つ打者が多い。これでは投手に「外角へどうぞ」といっているようなものである。

教えることは学ぶこと

私が初めてコーチとして選手を指導したのは広島カープだった。巨人を退団して評論家生活の3年目が終わろうとしていた1969年秋、当時広島の監督だった根本陸夫さんから守備コーチを要請された。

私は広島県立呉三津田高校出身だが、巨人以外のチームで仕事をするのは初めてだった。単身赴任の私は若手選手と一緒に合宿所に住むことになったが、初日に出迎えてくれたのがのちの鉄人・衣笠祥雄だったことを覚えている。

あるとき、内野の再編を目指していた根本監督がショートに今津光男を使うといい出した。今津は県立尼崎高校から中日を経てカープに来た選手だが、難しい打球は平気でトンネルするし、自分のやり方でいいと思っているので私のいうことを聞く気がない。私は彼の雑なプレーを評価していなかったので「今津は嫌な球は捕りませんぞ。トンネルをする。それより三村敏之は、かっこう悪いけど確実です。今津を使うんなら失敗しても責任持ちませんぞ」と平気でいった。

三村は地元・広島商業出身で1967年の入団だが、守備が堅実でトンネルをしないので熱心に指導した。結局、私が2年かけて教えた三村がレギュラーになり、今津はやがてパ・リーグにトレードで出ていった。教えるというのはそういうことだ。かっこよくプレーしてもトンネルする選手はダメ。プロ野球でも、確実さが一番大事なのだ。


当時のカープは内野再編成のため、コンバートが積極的に行われた。私の任務は、投手や外野手から内野手にコンバートされた選手に守備の基本を教え込むことである。私が教えるのは、みんな素人ばかりだった。

その一人に苑田聡彦《としひこ》がいた。三池工高から1964年に入団した外野のレギュラーだったが、法政大学から山本浩二が入団したので苑田は内野手に転向した。

しかし私には、とても内野手のセンスがあるとは思えなかった。思った通り、半年たってもどうにもならなかったので、私が監督に「苑田はものにならんから外野に戻したらどうでしょうか」と進言すると、根本さんはいった。

「辛抱して、もっと気長に見てくれよ。いまダメでもいいんだ。お前は2年契約だから、2年間とにかく教えてやってくれ。それで答えが出なかったら俺の責任だから、あとのことは任せろ。お前は誠心誠意やってくれればそれでいい」

監督にそこまでいわれれば、コーチとしてはやらざるをえない。内心、どうしてものになるとは思えなかったが、一生懸命指導していたら1年半たったころから驚くほどうまくなり、セカンドのレギュラーになった。「周りがサジを投げたような選手でも、本人のやる気とコーチの根気さえあれば必ずできるものなんだ」ということを、私は選手から教わった。

私に「教えるとはどういうことなのか」を教えてくれた苑田は引退後も広島のスカウトとして働き、誠実な人柄で専修大学の黒田博樹投手を獲得して強い絆を結ぶことになる。

指導とは継続すること

教えるというのは、頭で覚えさせることではない。また、ちょっと教えたらうまくなるものでもない。つまり、時間をかけて根気よく指導を続け、選手の体に覚え込ませることだ。それがヤクルトのショート・水谷新太郎を教えてわかった。

私は広島のコーチを2年間務めたあと、2度目の評論家生活を経て1974年からヤクルトスワローズのコーチに就任した。

私が将来の正遊撃手にしようと指導に力を入れた水谷は、三重高から1972年に入団した。彼は足の速い選手だったが、内野手としては守るとき両肩に力が入ってどうにもならなかった。

私が「ああしてみろ、こうしてみろ、リラックスしろ」といくらいってもできない。「よし、じゃあ構えたときは緊張しろ。最高に緊張したあとはリラックスしかないんだから、一度最高に緊張してからフッと力を抜いてみろ。リラックスできるから」とか、いろんなことをいってやらせた。

そのうち、私も何が水谷に当てはまるかを一生懸命考えた。彼は、教える我々にとってもいい実験材料だった。コーチ時代に2年間教えたあと、私が監督になってからはチーム生え抜きのコーチ、武上四郎と丸山完二に水谷の指導を引き継いだ。しかし2人とも、「知らないでしょう。水谷は足が速いだけで、使える奴じゃないですよ」と口をそろえた。

私も、成長の遅い水谷には手を焼いたが、彼には一つだけ見込みがあった。「うまくなりたい」という気があったから、一生懸命向かってきたことだ。私は2人のコーチにいった。

「こいつはダメだ、一人前にできないと思ったら、教える気がせんだろう？　きっとできるんだと思って教えてやってくれ」

不思議なことが起こったのは、私が教え始めてから3年目、監督になった1976

年だった。それまでほとんど試合に出たことがなかった水谷が、正遊撃手として100試合に出場するほど成長。1978年には打率・290、盗塁13を記録してヤクルトの初優勝に貢献した。

私は「やはり、教えるということは時間がかかるものだな。諦めなくてよかったな」と、つくづく思った。

あの、足が速いだけがとりえだった水谷がその後、1987年には・991と当時の最高守備率をマークした。現役引退後は、ヤクルトで二軍のコーチを務めるなどした。

西武の黄金時代を築いた首脳陣合宿

1982年、私を西武の監督に迎えてくれたのは前監督で管理部長の根本さんだった。根本さんは法政大学野球部のOBで、私の大学の先輩ではない。しかし評論家生活をしていた私を広島のコーチに呼んでくれたのも、当時カープ監督の根本さんだった。

西武の監督に誘われたときも「ヒロ、お前しかいない」といってくれたが、実は私は監督候補の3番手だったことがあとでわかった。第一候補は根本さんにとって「永遠の恋人」だった長嶋だが、ミスターに一発で断られると、阪急を3年連続日本一にした上田利治を口説いた。阪急の黄金時代を築いた上田は99・9%OKだったが、なぜかドタキャンしたので、3人目の私に話が回ってきたわけだ。

当時、阪神からも熱心に監督就任の要請を受けていたので迷ったが、ビジネス書を買って親会社の西武グループのことを研究すると、創業家の堤義明オーナーを中心に団結したいい企業であることがわかった。5年契約で迎えられたとき、私にとっては大変厳しい契約書を作ってもらった。「私の都合で退団するときは年俸をそこでカットし、すでに受け取った契約金も返還する。休養中の給料は支払わない」など、当時としたら異例の内容になっていた。

私が自分にとって不利な内容を盛り込んだ契約を結んだのは、オーナーが「悪いようにはしないから頼むよ」といえば、監督は「わかりました」と無条件で引き受けるプロ野球創立以来の「口約束契約」に強い不信感を持っていたからだ。日本のプロ野球が本場の大リーグに追いつくには、監督もコーチも選手も、アメリカ球界のようなきっちりとした契約書を交わすべきだと思っている。それがいまだに不透明、不完全だから、日本では不当、不快な監督人事が繰り返されている。

西武の監督になった私は、東京・三軒茶屋の自宅から埼玉・所沢の西武球場まで通った。もちろんヘッドコーチの森昌彦も東京の自宅から通ったし、守備走塁コーチの近藤昭仁などは自宅が横浜だから、ナイターが終わってから帰るのは大変だった。

1年間、遠距離通勤を続けて私が考えたのは、球場までが遠くて辛いということではなく、通勤の時間がもったいないということだった。これでは練習の時間が十分にとれないし、二軍の若い選手を見る時間もない。そこで2年目から、西武球場に近い小手指の西武グループが所有していた5LDKのマンションで、監督・コーチが1年間合宿をすることにした。そうすれば、朝から晩まで首脳陣が野球のこと、選手のことを相談したり勉強することができる。

しかも一軍のことだけでなく、西武球場の隣の第二球場で練習している二軍の選手も直接見ることができた。監督とコーチ陣が同じマンションに住んで野球漬けの生活を続けたことで、西武は2年連続日本一になり、4年間に3度のリーグ優勝をすることができたと思っている。

私たちは一軍の試合が始まる前に二軍の練習も視察した。もちろん、二軍には二軍の監督やコーチがいるので、彼らの立場も考えながら、目についた若手選手を「ちょっと一軍でテストしてみたいから貸してくれ」といって抜擢した。

私が西武で2年連続日本一になれたのは、一日中野球に打ち込んだ首脳陣合宿があったからだと思っている。

川上哲治監督との確執と和解

私が現役を引退後、ヤクルトと西武でセ・パ両リーグ日本一になれたのは、「川上・巨人に追いつき追い越せ」という究極の目標があったからだ。球界でよく知られている私と川上哲治監督の確執は、私の現役時代から始まった。

巨人のショートを守って11年。私は思いがけない悪夢から、一気に引退への坂を転落することになった。

引退のきっかけとなった長嶋のホームスチール

〝事件〟は1964（昭和39）年8月6日の神宮球場で起きた。3位に低迷していた巨人は、神宮球場で国鉄と対戦していた。私たちはエースの金田に抑えられ、0対2のリードを許したまま7回表の攻撃を迎えた。

のちにB級10年選手の権利（現在のFA権に相当）を使って巨人に移籍する金田も、当時は国鉄の〝天皇〟で、巨人戦には特別の闘争心を燃やしていた。

それでも巨人は1死三塁のチャンスをつかみ、私が打席に立った。ところが突然、三塁走者の長嶋がホームに突っ込んできた。タッチアウト。私はカッと頭に血が上り、次の球を空振り三振してバットを地面に叩きつけ、ロッカールームに駆け込んだ。

私が怒ったのは、「俺のバッティングがそんなに信用できないのか。バカにするな」と思ったからだ。私は左ピッチャーが好きだし、球界一の快速球を誇る金田を打てる自信もあっただけに頭にきた。

しかし、私が許せなかったのはそれだけではない。これから追い上げという大事なときにホームスチールをするなら当然サインが出るはずなのに、三塁の牧野茂コーチからは何もなかった。私は長嶋のスタンドプレーを責めるより、川上監督と長嶋の間で、2人だけに通じるサインが出ていたことが許せなかった。

そうでなければ、いくら目立ちたがりの長嶋でも、あんな無謀なホームスチールを敢行するはずがない。もしサインが出ていれば、私は打席をはずしてスチールをしやすいようにアシストしたはずではないか。

もう一つ、私の血圧を上げさせたのは、この無謀なホームスチールが初めてではなかったことだ。前年の7月22日、相手は同じ国鉄戦で、やはり長嶋が私の前で本盗に失敗したことがある。

しかし、あのときは延長11回、巨人が1点リードした直後で2死三塁の場面だった。ところが今度は7回で1死。セオリーからいってても無謀な作戦としかいいようがなかった。

いくらプライドが高いといわれる私でも、1度だけなら「また長嶋がバカなことをしおって！」と思うくらいで、こんなに怒るはずはない。

2度までも侮辱されたうえに、打者に通じない2人だけのサインを出された屈辱に震えた私は、試合中にユニホームを脱ぎ棄てて自宅に帰った。当時、親しかったガンちゃん（藤田元司投手）が心配して「試合中に帰ったのだから監督に謝ったほうがいいよ。電話だけでも入れたら?」と忠告してくれたが、自分が悪いのではないと思っていたから監督に電話も入れなかった。

この長嶋本盗事件は、川上監督のサインなのか長嶋の独断なのかをめぐって憶測が乱れ飛んだ。私はその後も「あれは川上監督と長嶋の間でサインが出ていたはずだ」と思っていたが、その確信は間違っていなかった。後年川上さんの長男が書いた本に、「あのときのホームスチールは『広岡が打てそうになかったので、長嶋にホームスチールをさせた』と父から聞いた」と書かれていたからだ。

監督からも球団からも私になんの説明もないまま、巨人は3位で1964年のペナントレースは幕を閉じた。

10月末からは秋のオープン戦が始まったが、私はメンバーからはずされた。そして報知新聞には川上監督のこんなインタビュー談話が載った。

「広岡についてはコーチにするか、平選手としてやらせるか、トレードに出すか検討中だが、結論は早く出す」

当事者の私には説明も連絡もないまま、巨人が私のトレードを計画していたのは間違いない。スポーツ新聞は毎日のように「広岡トレード」と書きたてた。思いもよらない長嶋のホームスチールが、まだ32歳の私を一気にトレードの渦中に巻き込んだのだ。

正力松太郎社主の「鶴の一声」

実はトレード話には、もう一つの背景があった。

この年（1964年）のペナントレースが始まって間もなく、野球専門の週刊誌から手記の依頼があった。私の話を記者が聞き書きするもので、「『巨人軍をより立派で、強いチームにするにはどうすればよいか』というテーマで私個人の意見を」という話だったので、巨人の広報担当に相談すると、「建設的な意見ならいいでしょう」という話だった。

ところが6月初旬、突然広報担当から「監督に連絡してくれ。トレードなんだ」という連絡を受けた。人生の岐路となるトレードを、こんな通達のしかたでいいのか。カッとなった私は広報担当の指示を黙殺し、監督には連絡をしなかった。

トレードの話はそれで立ち消えとなったが、私の手記が巨人軍のタブーである首脳陣批判と受け取られ、イエローカードとしてトレードをにおわされたのかもしれない。そして〝謎のホームスチール事件〟が起きた。

私は早稲田大学で、初代野球部長・安部磯雄先生の早稲田精神を学んだ。巨人では「巨人軍は常に強くあれ。巨人軍は常に紳士であれ。巨人軍はアメリカ野球に追いつけ追い越せ」という正力松太郎初代オーナーの遺訓が好きだ。そして多くの先輩たちから「プロフェッショナルとは何か」を学んだ。巨人で学んできた野球理念がない他チームで、野球を続ける気にはならなかった。

私の知らないところでエスカレートするトレード話に耐えられなくなった私は、シーズン終了後、かねてから師事していた人生哲学者の中村天風さんを訪ねた。

私が改めて巨人と自分の置かれた状況を説明し、「私は選手として巨人軍で死にたい。よそのチームに行くくらいなら、巨人軍で現役生活を終わりたいのです」と訴えると、先生はその場で私の気持ちを文章にしてくれた。

私はこの文章を持って翌朝、松濤の正力亨オーナーの家に行くと、オーナーは自分では決められず、「社主（正力松太郎・読売新聞社主）のところに行け」という。やがて正力社主から呼び出しがあり、日本テレビの会長室でお会いした。

私が差し出した文書を読んだ正力社主は「君は本当に巨人軍の広岡として死にたいのだな」と私の気持ちを確認したうえで、「これほど巨人軍を愛している男を出すわけにはいかない。残れ」と残留裁定を下した。私の放出を計画していた球団代表や川上監督はかたなしだった。

社主の「鶴の一声」で私の残留は決まったが、後日談がある。幹部会に呼ばれたのだ。亨オーナーには「お前は何があっても何もいうな」とクギをさされた。

幹部会は社主のお声がかりで開かれた食事会で、正力父子と球団役員のほか、川上監督と中尾碩志《ひろし》、南村侑広の両コーチが招かれた。

会食が始まると、川上監督が発言した。

「残留と決まったからには、以後、外部に向かって巨人軍の作戦批判などをしては困る」

これをきっかけに、出席していたコーチたちから私はボロクソにいわれた。亨オーナーに口止めされていたので何も反論しなかったが、やはり私の「巨人軍をよりよくするための建設的な手記」が、すべての根源だったのだ。

私は、山ほどあったいいたいことを飲み込んで契約を更新した。だが現場首脳陣との亀裂は広がり、1966年は11試合に出場しただけでシーズン終了後に引退した。

古巣巨人のベロビーチキャンプで取材拒否

13年間の現役生活に幕を引いた私は、初めての浪人生活を味わった。評論家としてスタンドから試合を見るのは初めての体験だった。ベンチの作戦や選手のプレーを批評するからには、誰にも負けない視点と野球知識が求められる。私が第二の人生を前に最初に行ったのは、アメリカ大リーグで本場の野球を勉強することだった。

これから評論家として生活するための準備ということもあるが、巨人で川上監督と衝突する原因となった私の野球理念が正しいかどうか確かめたいというのが、大リーグ行脚の目的だった。

引退翌年の1967年2月23日、羽田を出発した私は名門サンフランシスコ・ジャイアンツのキャンプ地、アリゾナ州フェニックスを経てフロリダ州ベロビーチに向かった。巨人の元同僚たちがドジャータウンでキャンプを張っていたからだ。

ベロビーチは私が現役時代、ドジャースと合同キャンプを張ったことがある。飛行機を乗り継いでベロビーチ空港に着くと、夜の9時を過ぎていた。事前に連絡しておいたので、空港にはドジャース職員で、のちにオーナー補佐に昇り詰めるアイク生原《いくはら》が迎えに来ていた。

アイクは早大野球部の後輩で、1965年3月にドジャースに自費留学した。

亜細亜大学の監督だったが、アメリカの野球を勉強するためウォルター・オマリー会長の長男、ピーター・オマリーが社長を務める3A球団で研修したあと、1967年1月、ピーターのドジャース副社長就任と同時にドジャースの正社員になったばかりだった。

スプリング・キャンプの責任者であるピーター副社長の部下としてドジャータウンに滞在していたアイクは、フォルクスワーゲンに私を乗せると、キャンプ地・ドジャータウンとは逆のダウンタウンに向かった。アイクは顔を曇らせていった。

「先輩、お疲れさまでした。悪い話ですから怒らんでください。ドジャースは巨人の選手や報道陣と同じように、先輩の宿舎もドジャータウンに用意していたのですが、巨人軍が反対したので、ドジャースとしてはやむをえず、先輩に宿舎に入っていただくわけにはいかないのです。先輩用にモーテルを用意していますので、申し訳ありませんが明日以降はそこからドジャータウンに通ってください」

私は愕然とした。今夜着くことも、ドジャータウン内の部屋に泊まってドジャースや巨人のキャンプを視察したいことも、アイクを通じてスプリング・キャンプの責任者であるピーター・オマリーには事前に申し込んでおいたのに、まさか、巨人がここまで嫌がらせをするとは……。私はアイクがとってくれたモーテルに入っても、こみ上げてくる怒りに震えてなかなか寝つけなかった。しかも、巨人軍の嫌がらせは、これだけではなかったのである。

チームプレーの練習が突然中止に

ドジャータウンは元米軍基地で、1948年からドジャースがスプリング・キャンプに使っていた。2年連続日本一の巨人は2月末、V3をめざしてドジャータウンに入り、ドジャースナインと食住をともにしながら練習に励んでいたが、宿舎入りを拒否された私は車で通って巨人やドジャースの練習を見た。

ある日、私はメイン球場のホルマン・スタジアムに隣接するサブグラウンドに巨人の練習を見に行った。あまり接近しないほうがいいだろうと遠慮して、球場を取り囲むパームツリーの陰に隠れて見ていると、チームプレーの練習が突然、中断された。どうしたのだろうと不思議に思ったが、あとで選手に聞いたところによると、誰かが木陰にいた私を見つけ、「あいつに見せたらチームプレーが筒抜けになるからやめよう」となったという。

私はあいた口がふさがらなかった。もう引退し、一介の評論家である私にチームプレーの練習を見られたからといって、何が盗まれるというのだろうか。私が愛し、誇りに思ってきた巨人とは思えない情けない態度に、私は怒る気にもなれず、悲しくなった。

そして私は、改めて「絶対監督になって川上・巨人を追い越すチームを作るぞ！」という決意を固めた。

川上監督に学んだ「勝利への執念」

1976年にヤクルトの監督になったときも、当然、目標は打倒巨人だった。19

78年にセ・リーグで優勝して初めて日本一になったが、私の胸中はまだ少し冷めていた。「日本シリーズで巨人に勝つ」のが、私の最終目標だったからだ。

その夢が1983年の西武V2でかなったとき、私は初めて「俺の野球理念は間違っていなかったのだ」と確信した。腹の底から喜びがこみ上げてきた。敵将が目標の川上監督ではなく藤田監督なのが残念だったが、このとき私は51歳。巨人を離れて17年がたっていた。

この間、広島とヤクルトでコーチとして若い選手を育て、ヤクルトと西武では監督としての経験も積んだ。

そして西武でセ・パ両リーグ日本一を達成したころから、私は川上さんの優れた点を理解できるようになった。

たしかに川上さんには毀誉褒貶《きよほうへん》がある。現役時代は打つことに熱心なあまり、試合前の打撃練習では半分以上の時間を独占することもあった。打撃しか興味がないから、守備練習をする気がなく、私の送球も、立ったままファーストミットをグルッと回した範囲しか捕ろうとしなかった。打つだけの個人プレーに徹し、チームプレーなど見向きもしなかった。

しかし打撃に関しては誰よりも研究し努力し、他人の迷惑を考えなかったことが、結果的に巨人の主砲として誰よりもチームに貢献したことも事実である。

川上さんは、たしかにクセのある人だったが、正直なところは本当に正直だった。たとえば若いころの私を呼んで、「ヒロ、俺は守備が下手だから、捕れる範囲に投げてくれ」と本音をいった。

また、4番打者の責任を果たすために一生懸命練習した。スランプになると、若い投手を2~3人、多摩川球場に連れていき、ボールが止まって見えるまで打ち込んだ。「ヒロ、わかったぞ。こういうときはこうやればボールが止まって見えるから、こうやってポーンと打てばいいいんだよ」と、嬉しそうにいったのを覚えている。

あの人は一長一短あったけれど、いいところもたくさんあった。

指揮官として優れた点の一つは、ぶれないことだ。一度決めたことは誰が何といお

う と徹底的に実行したが、監督として必要だと判断したら方針を切り替える変わり身の早さもあった。

巨人の監督に就任したとき、川上さんはコーチ兼任になった私を呼んで「現役のときは打つことだけに専念して、チームプレーなんか考えもしなかった。だが、監督になるとそうはいかん。チームが勝つためにはチームプレーが一番大事だ。協力してくれ」といった。勝手な話だが、監督としては当然のことだった。

そして何よりすごいのは、勝つことに対する執念である。「絶対に勝つ」という気持ちが誰よりも強く、そのためにはあらゆる努力を惜しまなかった。

川上さんは、現役時代は「打つためにはどうすればいいか」を徹底的に研究し、監督になってからは「勝つためにはどうすればいいか」に執念を燃やした。

あの、勝利に対する執念と集中力は勉強になった。

川上さんはこうして、現役のときも監督になってからも着実に階段を上っていったが、一方で、築いた地位を守ることもできる人だった。そのためには、自分を脅かすライバルは容赦なく蹴落とした。昔、戦国時代の武将たちはみんなそうだったし、昭和のプロ野球界もそういう世界だった。

川上さんが勝ちにいき、自分の地位を守り、周りがどう思おうと「川上野球」を貫いたのはえらい。

川上さんの生き方、やり方を見ていると、こうしたら勝てるな、こうしたら守れるな、ということがわかったので、同じ監督として私も大変勉強になった。

しかし私は、川上野球のすべてをまねたわけではない。川上さんに勝つためにはどうしたらいいか、巨人を倒すためにはどうしたらいいか、自分なりに考えた。選手が高齢化するなかで、なんとかチーム力を維持するために、自然食を中心として選手の健康管理を行ったのもその一つだった。

そしてヤクルトの監督時代には、ドラフトで入団した選手を私なりに一生懸命育て上げた。

おわりに

知人の孫の小学生が、町の少年野球チームに入った。毎週、自主練習の相手をする70代の知人が驚いたのは、孫のバッグの中身である。

バッティンググラブ、守備用手袋、リストバンド、ネックウォーマー……。バットは巨人の坂本モデルで、左足をゆっくり上げる打ち方まで似ている。右側のゴロは逆シングルで捕る。

子どもたちはプロ野球のまねをする。

プロのまねは、あながち悪いことではない。どの世界でも、先輩たちの技をまねて腕を磨く。野球でも天才たちの優れたプレーをお手本にするのは練習の一つだろう。

そして子どもや学生たちは、大事な基本プレーより、スター選手の派手なスーパープレーや打ち方をまねたがる。

しかし天才しかできないスーパープレーや、手抜きプレーをまねるのは有害無益である。

プロ野球は子どもたちのいいお手本でなければならない。いまやテレビだけでなく、スマートフォンを使ってYouTubeなどでも、将来の球界を担う金の卵たちが見ていることを忘れてはならない。


かつて高校野球名門校の監督だった別の知人は、中高生の野球部員が激減している現状を心配している。

私たちが子どものころ、男の子が放課後にやることといえば野球か相撲だった。ところがいまやサッカー人口に押され、小中学生の野球人口はこの10年間で66万人から49万人に激減。2010年には全国で約1万5000あった少年野球チームが2016年には約1万2000まで減ったという情報もある。

その少年野球も、中学進学に備えて途中退部する児童もいるというのだから、中高生の野球部員が激減するのも無理はない。

野球人口の減少理由はいろいろあるだろうが、私はボール一つで遊べるサッカーに比べて野球は道具に金がかかりすぎるからではないかと思う。

たとえば最近知人から、私の高校の後輩部員が「新しいグラブをほしがっている」という話を聞いた。私が知人を通じて2万円ほどのグラブを紹介すると、後輩の親は知人に「そんなに安いグラブで息子はうまくなれますかね」と心配そうにいったという。最近のグラブは4万円から5万円以上はするからだ。

私が懇意にしているスポーツ用品メーカーは、私が監修した内野手用グラブを2万円で作ってくれるが、いまどきの野球パパは高いグラブでなければ息子がうまくなれないと思っているらしい。

私は高価な新商品を開発して売りつけるスポーツ用品業界の実態を見た気がして、郷里の後輩にグラブを紹介するのをやめた。私が一番捕りやすい型で作ったグラブが、4万円以上の高級品より捕りにくいわけがないではないか。

ちなみに2万円の広岡タイプでも、メーカーはしっかり利益があるそうだ。

この話を聞いて、私は何かと金のかかる野球が、ボール一つで練習できるサッカーに勝てない理由がわかる気がした。

子どもたちもプロ野球も、野球はキャッチボールから始める。キャッチボールの原則は、相手の胸に向かって投げることである。少年野球でも高校、大学野球でもこの基本を教えるが、なぜ胸に向かって投げるのか、理由を正しく教えているだろうか。

胸に向かって投げるのは、「相手が捕りやすいように」ではない。捕った相手が、すぐ返球しやすくするためだ。野手は打球を捕ったら、すぐ二塁や一塁に正確で速い球を投げなくてはいけない。キャッチボールは単なる肩慣らしではなく、すでに実戦のための練習なのだ。当然、投げるほうも捕るほうも、チンタラ遊び半分ではなく、一球一球に気を込めた真剣なキャッチボールでなくてはならない。

キャッチボール一つで、これから始まる練習の真剣味が変わるのだから、指導者は選手に「キャッチボール」の正しい意味を説明して理解させなければならない。

内野手はゴロを捕ることを「受ける」というが、打球は「受ける」のではなく、二塁や一塁に素早く正確に「投げる」ために捕るのだ。

そのためには来た球を漠然と受けるのではなく、投手がモーションを起こしたら正しい前傾姿勢で構え、どんな打球に対しても素早くスタートを切って打球の正面に入らなければならない。

私が現役の時代は人工芝などなかった。土のグラウンドはいつ、どんなイレギュラーバウンドをするかわからないので、打球がどんな変化をしても対応できるよう心構えをしていたものだ。そして捕手の構えによって、「外角だから二遊間だな」「インコースだから三遊間だな」と先読みしたので、打球に対する第一歩が遅れることはまずなかった。

私が最近のエラーに厳しいのは、変化しない人工芝に慣れきって、ゴロに対する緊張感と心構えがたりないと思うからだ。

何事も結果には原因がある。野球でも、勝利と敗戦、好投とKO、好捕とエラー、ホームランと凡打にはそれぞれ原因と理由がある。少年野球でもプロ野球でも、指導者は練習のとき「なぜこの練習をするのか」をわかりやすく説明し、「こうすればうまくなる。こうすれば勝てる」というHOW TO DOを教えてもらいたい。そのためには、監督・コーチが正しい野球の勉強を積まなくてはならない。

本書は、幻冬舎ｐｌｕｓ（www.gentosha.jp）に連載中の「日本野球よ、それは間違っている！」に大幅に加筆し、再構成したものです。

〈著者プロフィール〉
広岡達朗（ひろおか・たつろう）
1932年、広島県呉市生まれ。早稲田大学教育学部卒業。学生野球全盛時代に早大の名ショートとして活躍。1954年に巨人に入団、1年目から正遊撃手を務め、打率.314で新人王とベストナインに輝いた。引退後は評論家活動を経て、広島とヤクルトでコーチを務めた。監督としてヤクルトと西武で日本シリーズに優勝し、セ・パ両リーグで日本一を達成。指導者としての手腕が高く評価された。1992年に野球殿堂入り。『動じない。』（王貞治氏・藤平信一氏との共著、幻冬舎）、『巨人への遺言』『中村天風 悲運に心悩ますな』（ともに幻冬舎）など著書多数。

日本野球よ、それは間違っている！

2018年3月15日　第1刷発行

著　者　広岡達朗
発行人　見城 徹
編集人　福島広司

GENTOSHA

発行所　株式会社 幻冬舎
〒151-0051　東京都渋谷区千駄ヶ谷4-9-7
電話　03（5411）6211（編集）
03（5411）6222（営業）
振替　00120-8-767643
印刷・製本所　中央精版印刷株式会社

検印廃止

ISBN978-4-344-03273-6　C0095
幻冬舎ホームページアドレス　http://www.gentosha.co.jp/

この本に関するご意見・ご感想をメールでお寄せいただく場合は、
comment@gentosha.co.jpまで。